投資で一番大切な20の教え

賢い投資家になるための隠れた常識

THE MOST IMPORTANT THING

Uncommon Sense for the Thoughtful Investor

ハワード・マークス
貫井佳子訳

日本経済新聞出版

投資で一番大切な20の教え

——賢い投資家になるための隠れた常識——

The Most Important Thing
Uncommon Sense for the Thoughtful Investor

by
Howard Marks

Japanese translation rights arranged
with Columbia University Press, New York
through Tuttle-Mori Agency, Inc., Tokyo.

装幀　山口鷹雄
本文デザイン　アーティザンカンパニー

ナンシー、ジェーン、アンドリューへ
すべての愛をこめて

はじめに

過去二〇年間にわたり、私は不定期で顧客向けレターを書いてきた。書きはじめたのはトラスト・カンパニー・オブ・ザ・ウエスト（現ＴＣＷグループ）勤務時代で、その後は一九九五年に共同設立したオークツリー・キャピタル・マネジメントから発信している。私はこのレターを、自らの投資哲学を披露し、金融市場の機能について論じ、最近の出来事に関する自分の見解を説く場として活用してきた。本書はこれらのレターを核として記したもので、各章でレターの文章を数多く引用している。それぞれのレターを書いた当時の教訓が、今日にも当てはまると確信しているからだ。引用するにあたり、主として論点を明確にするために、若干の修正を加えたところもある。

「一番大切なこと」とは、ずばり何だろう。二〇〇三年七月にこのタイトルで書いたレターは、私が投資を成功させるのに必須と感じていた要素についてまとめたものだ。その冒頭の文章をここで引用しよう。「顧客や見込み客に会って話をするとき、私は自分が何度も『一番大切なのはX』と言っているのに気づく。だが、その一〇分後には『一番大切なのはY』と言っている。そして、その後もZ……という具合に続くのだ」。結局、このレターで私は一八もの「一番大切なこと」について論じてしまった。

その後、「一番大切なこと」とみなす点にいくらか修正を加えはしたが、基本的な考え方に変わりにない。それらはすべて重要なのである。投資を成功させるには、数多くの独立した要素に、同時に思慮深く注意を向ける必要がある。どれか一つでも注意を怠れば、満足できない結果となる公算が大きい。「一番大切なこと」という考え方を中心に本書をまとめたのはそのためだ。一つひとつの要素が、強固な壁となるべきものを構成するレンガなのであり、どれが欠けても困るのだ。

投資のマニュアル本を書いたつもりはない。むしろ本書は、私の投資哲学の声明文である。この投資哲学は私の信条であり、投資キャリアを通じて、宗教のような存在でありつづけている。ここに書いたのは私が信じていることであり、進むべき道を示してくれる道標だ。私が発信するメッセージは、先々まで通用すると考えられるものであり、今日よりずっとあとになってからも当てはまる内容だと自負している。

したがって本書はハウツー本ではない。投資を確実に成功に導くレシピは載っていない。この手順を踏むべし、という段階的な指導もない。数学の定数や特定の比率を用いた価格評価（バリュエーション）関連の方程式もない（そもそも数字に関する記述はほとんどない）。ただ、投資家が適切な判断を下し、そして（おそらくもっと重要なことだが）そこかしこに待ち受けている落とし穴を避けるのに役立つであろう思考方法を紹介しているだけだ。

私の目標は、投資という行為を単純化することではない。むしろ一番明確にしたいのは、投資がいかに複雑であるかという点だ。投資の単純化を説く者は、その聴衆に大きな害を及ぼしているも同然だ。私はあくまでもリターンとリスクとプロセスに関する一般的な考え方について論じる。特定のアセットクラスや戦術に言及するのは、要点をわかりやすくしたい場合に限っている。

本書の構成について説明したい。先ほど、「投資を成功させるには、数多くの独立した要素に、同時に思慮深く注意を向ける必要がある」と書いた。もし可能ならば、一つの章ですべての要素について同時に論じたいところだ。だが残念なことに、言語上の制約から一度に論じることができるトピックは一つに限られる。したがって、まず土台を確立するため、投資が行われる市場の環境について語るところから始める。それから投資家と、その投資の成否を左右する要素、そして成功の確率を高めるためにすべきことへと話を進める。最後の章では、要約の形でこれらすべてに関する考えをまとめたつもりだ。私の投資哲学は「首尾一貫」しているため、同じ話が複数の章にまたがって繰り返し出てくる場合がある。くどいと思われるかもしれないが、我慢して読んでいただきたい。

本書の内容が斬新で、思考力を大いに刺激し、物議を醸しさえすると感じてもらえることを期待している。もし「とてもおもしろかった。これまでほかの本で読んだことすべてを裏づける内容だった」と感想をもらす者がいたら、私は本書が失敗作だったと感じるだろう。私の狙いは、読者がこれまでに触れたためしのない投資に関するアイデアや思考方法を伝えることにあるからだ。「そんな風に考えたことはなかった」と言ってもらえたら本望である。

とりわけ本書では、いかに投資リターンを達成するかという点よりも、リスクの概念とリスクをいかに限定するかという点について、多くのページを使って論じている。私に言わせれば、リスクとは投資において最も興味深く、対峙しがいがあり、必要不可欠な要素なのである。

オークツリーを突き動かす原動力について知りたがる見込み客は、まず第一に「これまでの成功のカギは?」といった類の質問をする。私の答えは単純明快だ。四〇年以上かけて築きあげ、磨きをかけてきた、そして同じ文化と価値観を共有するきわめて有能な人材によって誠実に実践されてきた、実効性のある投資哲学である。

投資哲学とはどのようにして生まれるのか。一つ確信を持って言えるのは、完全にできあがった投資哲学を携えて、投資キャリアの入り口に立つ者などいないということだ。哲学というものは、長い時間をかけて、さまざまな情報をもとに蓄積した数多くのアイデアの集大成でなければならない。人生の中で教訓を得ることなしに、実効性のある投資哲学を築くのは不可能だ。幸いなことに、私は人生を通じて豊富な経験と説得力のある教訓を身につけてきた。

二つの偉大なビジネススクールでは、異なるアプローチから投資について学ぶという非常に実効的かつ刺激的な経験をした。ペンシルベニア大学ウォートン・スクールでの学部生時代には、理論を学ぶ前段階として基礎的かつ定性的な教育を、シカゴ大学経営大学院での大学院生時代には、理論的で定量分析的な教育を受けた。学生時代の勉学で最も有意義だったのは、具体的な事実やプロセスについて学んだことではない。投資理論の二大学派の考え方に触れて、いかにそれらと自分自身のアプローチとの間で折り合いをつけ、融合させていくか、熟考する必要に迫られたことであった。

重要なのは、投資哲学というものが、周りをよく見渡しながら生きていくことで育まれるという点だ。投資家は、世の中で何が起きているのか、その結果どのような状況が生じるのかということを意識していなければならない。そうすることでのみ、過去の教訓を同じような状況が再現されたときに生かせる。過去の教訓を生かしそこなうことは、ほかの何にもまして、投資家をバブルと暴落のサイクルに翻弄されつづける運命へと導く要因になる。

私は「経験は、望んでいたものが手に入らなかったときに得られる」という言葉を好んで使う。相場が良い時期に得られるのは、「投資は簡単である」、「投資の秘訣は明らかだ」、「リスクを恐れる必要はない」といった悪い教訓ばかりだ。最も価値のある教訓が得られるのは厳しい時期だ。その意味で、いくつもの異常事態に遭遇してきた私は「幸運」であった。異常事態とは、中東産油国による原油禁輸措置、スタグフレーション、「ニフティ・フィフティ（すばらしい五〇銘柄）」ブームの崩壊、「株式は死んだ」と言われた一九七〇年代、一九八七年のブラックマンデー（ダウ平均が一日で二二・六％の下げを記録）、一九九四年の金利急上昇（金利変動の影響を受けやすい債券の価格が暴落）、一九九八年の新興市場危機とロシアの債務不履行《デフォルト》とロングターム・キャピタル・マネジメント（LTCM）の破綻、二〇〇〇～二〇〇一年のハイテク株バブルの崩壊、二〇〇一～二〇〇二年の不正会計スキャンダル、そして二〇〇七～二〇〇八年の世界金融危機である。

とりわけ、数多くの困難に見舞われた一九七〇年代を生き延びたことは、投資キャリアの根幹を形成する貴重な経験であった。当時、投資関連の仕事に新たに就くことは事実上、不可能だった。つまり、それ以前に足を踏み入れていなければ、一九七〇年代にこの業界で働くことはできなかったのだ。一九六〇年代にこの業界で働きはじめた者のうち、ハイテク株バブルが膨張した一九九〇年代後半にも業界内に残っていた者はどれだけいただろうか。決して多くはないはずだ。ほとんどのプロの投資家に、一九八〇年代か一九九〇年代にこの業界に参入したのであり、五％（一九八二〜一九九九年に記録した最大の下げ幅）を超える株価の下落を経験したことがなかったのである。

読書家であれば、出版に値するアイデアを持った人から学ぶことができる。私にとって特に重要な書物は、チャールズ・エリスの偉大な論文「敗者のゲーム」（ファイナンシャル・アナリスト・ジャーナル誌、一九七五年七〜八月号）、ジョン・ケネス・ガルブレイスの『バブルの物語』（一九九〇年）（原題は『金融市場における陶酔的熱病《ユーフォリア》の小史』）、そしてナシーム・ニコラス・タレブの『まぐれ』（二〇〇一年）（原題は『ランダム性にだまされて』）である。どれも、私の思考を形づくるうえで大きな役割を果たした。

さらに、一部の卓越した思想家から直接学ぶことができたという点で、私はこのうえなく幸運であった。ガルブレイスから人間の弱みについて、ウォーレン・バフェットから忍耐と逆張りについて、チャーリー・マンガーから合理的な期待について、親友ブルース・ニューバーグから「確率と結果」について、マイケル・ミルケンから意識的なリスク負担について、リチャード・ケーンから「わな」（高いリターンをあげられるが、大きな損失は出ない過小評価された投資機会）を仕掛けることについて学んだのである。また、個人的につながりのあるピーター・バーンスタイン、セス・クラーマン、ジャック・ボーグル、ジェイコブ・ロスチャイルド、ジェレミー・グランサム、ジョエル・グリーンブラット、トニー・ペース、オリン・クレイマー、ジム・グラント、ダグラス・カスからもヒントを得てきた。

幸せなことに、これらすべての要素を取り込み、意識的に組み合わせることで形となった投資哲学は、何年にもわたって私の組織（そして私の顧客）のために役立ってきた。もちろん、これが唯一の正しい方法ではないが（そして、ほかにも数多くのやり方があるが）、我々にとってうまくいく方法なのだ。

最後に駆け足になるが、オークツリーのすばらしい共同創業者たち（一九八三〜一九九三年に幸運にも私が一緒にチームを組んでいたメンバーのブルース・カーシュ、シェルドン・ストーン、ラリー・キール、リチャード・マッソン、スティーブ・キャプラン）の手で巧みに実践されていなければ、私の投資哲学も大して意味を持たなかっただろうと伝えておきたい。どんなアイデアでも、それをもとに起こした行動にはかなわないと私は確信している。投資の世界では特にそうだ。本書で紹介する投資哲学も、これらのパートナーや他のオークツリーの同僚によって成し遂げられていなければ、注目を集めることはなかっただろう。

目次

はじめに　5
1 二次的思考をめぐらす　15
2 市場の効率性（とその限界）を理解する　25
3 バリュー投資を行う　40
4 価格と価値の関係性に目を向ける　53
5 リスクを理解する　65
6 リスクを認識する　90
7 リスクをコントロールする　107
8 サイクルに注意を向ける　122
9 振り子を意識する　132

10 心理的要因の悪影響をかわす 143
11 逆張りをする 161
12 掘り出し物を見つける 176
13 我慢強くチャンスを待つ 188
14 無知を知る 204
15 今どこにいるのかを感じとる 217
16 運の影響力を認識する 231
17 ディフェンシブに投資する 244
18 落とし穴を避ける 264
19 付加価値を生み出す 287
20 すべての極意をまとめて実践する 299
訳者あとがき 313

1

二次的思考をめぐらす

投資というアートには、あまり知られていない特性がある。大して努力もせず、能力にも恵まれていない素人の投資家が、大儲けとはいかないまでも、まずまずの利益をあげられることだ。だが、その容易に達する水準からさらに上をめざすには、高い応用力と一片以上の英知が必要である。

ベンジャミン・グレアム『賢明なる投資家』

何事もできるかぎり単純化すべきだが、単純化しすぎてはならない。

アルバート・アインシュタイン

投資は簡単なことではない。簡単だと思うのは愚か者である。

チャーリー・マンガー（バークシャー・ハザウェイ副会長）

すぐれた投資家としての技量をもともと持っている者など、ほとんどいない。中には習得できる者もいるが、誰もがそうなのではない。そして、習得できる者も万能にはなれない。ある状況で有効な投資アプローチが、あらゆる状況で通用するわけではないからだ。また、投資というものはアルゴリズム化して、コンピュータに一任することはできない。指折りの投資家ですら、百発百中とはいかない。

その理由は単純だ。普遍的な法則などないのである。投資環境はコントロールできないし、まったく同じ状況が繰り返されることはまれだ。市場を大きく動かすのは投資家の心理である。投資家心理は非常に移ろいやすく、相場動向との因果関係も特定しがたい。ある投資アプローチがしばらくの間、有効だったとしても、それによって引き起こされる行動がやがて環境に変化を及ぼし、結果として新たなアプローチが必要となってしまう。また、ほかの投資家があるアプローチをまねれば、その有効性は低下してしまう。

経済学と同じく、投資においては科学よりもアートの要素が強い。つまり、理路整然とはいかないのである。

今日、心にとめておくべき要点の一つは、経済学が純然たる科学ではないということだ。科学においては、管理された環境で実験が行われ、過去の経験が信頼性をもって再現され、因果関係が確立されうる。これらの点を考慮すれば、経済学を科学と呼ぶこと自体、あまりふさわしくないのかもしれない。

二〇〇九年三月五日付　顧客向けレター「その方策は有効？」より

投資は科学であるのと少なくとも同程度にアートでもある。だから、決まった型にはめられると説くつもりはさらさらない（本書に限らず、いつも私はそうだ）。むしろ、投資アプローチは固定化したり、機械的に当てはめたりするのではなく、直感的に決め、状況に応じて適応させていくことが肝心なのだと声を大にして言いたい。

〜 〜 〜

つきつめれば、問題は投資家自身が何を達成しようとしているかだ。平均的な投資パフォーマンスなら誰でも達成することができる。あらゆる資産を少しずつ買うインデックス・ファンドに投資すればよいのだ。そうすれば、その市場全体の動きに連動した、いわゆる「マーケット・リターン」が得られる。だが、やり手の投資家はその上をめざす。市場に勝つことを求めるのだ。

これこそ、私が考える「成功する投資」の定義である。つまり、市場と他の投資家を上回るパフォーマンスをあげることだ。これを達成するには、幸運とすぐれた洞察力のどちらかが必要である。ただ、運を頼りにすることは作戦とは言えないため、洞察力に重点を置いたほうがよい。バスケットボール界では「身長はコーチできない」とよく言われる。世界中のあらゆる指導方法を取り入れても、選手の身長を伸ばすことはできないという意味だ。同じように、洞察力は教えられるものではない。

他のアートの分野と同様に、世の中にはほかの人よりも投資の何たるかをよく理解している人がいる。そうした人たちは、投資に必要とされるもの、ベンジャミン・グレアムがいみじくも名づけた「一片の英知」をもともと持っているか、どうにかして身につけているのだ。

人は誰でもカネを儲けたいと思う。経済学はすべて、人が普遍的に利潤動機を持っているという信念に基づいている。資本主義も同じだ。利潤動機があるから人は勤勉に励み、資本を賭ける。これまでに人類が享受してきた物質的な進歩の大半は、利潤を追求することによって生み出された。だが、こうした普遍性は一方で、市場に勝つことを難しくしている。何百万もの人が一ドルでも多く投資収益を手にしようと競っているのだ。競争に勝つのは、一歩先んじた者である。学歴を積む、ジムや図書館に足しげく通う、食生活を改善する、人一倍汗をかく、スタミナをつける、より良い道具を使う、といった方法で集団から一歩抜け出すことができるものもある。しかし、投資においてはこうした取り組みもあまり役に立たない。必要なのは、より鋭敏な思考である。私はこれを二次的思考と呼んでいる。

投資家をめざす者は、金融や会計の講習を受けたり、さまざまな分野の本を読んだり、運がよければ投資手法に造詣が深い人から指南を受けたりすることができる。しかし、つねに平均を上回る成果をあげるのに必要なすぐれた洞察力や直感、価値観、心理感覚を会得できる者は一握りにすぎない。そうなるためには、二次的な思考が欠かせないのである。

ここで確認しておこう。投資の目標は平均的なリターンを得ることではない。平均を上回るリターンをあげることだ。そのためには、ほかの人よりもすぐれた、より強力かつ高次元の思考を身につける必要がある。他の投資家は頭がよく、情報通で、コンピュータを使った高度な投資手法に長《た》けているかもしれない。だから、そうした人たちにはない自分の強みを見つけなければならない。誰も思いつかないことを考える、周りが見逃しているものに目を向ける、ほかの人にはない洞察力を発揮する、といったことが必要であり、他の投資家とは違った反応や振る舞いをしなければならない。つまり、投資で成功するには、物事を正しく見極めることが必要条件になるだろうが、それだけでは十分条件にはならない。ほかの投資家よりも正確に見極める力が必要なのだ。言い換えれば、周りとは違う思考方法を持たなければならない。

それでは、二次的思考とはどのようなものだろうか。

●「これは良い企業だから、株を買おう」というのが一次的思考。一方、「これは良い企業だ。ただ、周りは偉大な企業と見ているが、実際にはそうではない。この株は過大評価されていて割高だから売ろう」というのが二次的思考である。

●「経済成長率は低下し、インフレ率は上昇する見通しだから、持ち株を売ろう」というのが一次的思考。一方、「景気見通しは悪いが、ほかの投資家はみなパニック売りしている。今が買いどきだ」というのが二次的思考である。

●「この企業は減益になると思うから、売りだ」というのが一次的思考。一方、「この企業の減益幅は周りが予想しているよりも小さいと思う。予想より良い業績が発表されて株価は上昇するだろうから、買いだ」というのが二次的思考である。

一次的思考は単純で底が浅く、誰にでもできること（つまり、優位に立とうとする場合に役に立たないこと）である。一次的思考をする者がみな求めるのは、「この企業の見通しは良好だから、株価は上がる」といった将来に関する見解である。

一方、二次的思考は奥が深く、複雑で入り組んでいる。二次的思考をするには、以下のように非常に多くのことを頭に入れなければならない。

●今後、どのような範囲の出来事が起こりうるか？
●その中で、実際に起きると思うのはどれか？
●その予想が当たる確率はどれぐらいか？
●コンセンサスの予想はどうか？
●自分の予想はコンセンサスとどう違うのか？
●その資産の現在の価格は、コンセンサスあるいは自分が考える先行き見通しに見合っているか？
●価格に織り込まれているコンセンサスの心理は強気すぎたり、弱気すぎたりしないか？
●コンセンサスあるいは自分の予想が的中した場合、その資産の価格はどうなるか？

二次的思考をする場合、脳にかかる負荷は一次的思考よりも著しく大きくなる。そして、一次的思考ができる人と違い、二次的思考ができる人の数はわずかである。

一次的思考をする人は単純な方程式や安易な答えを求める。一方、二次的思考をする人は、投資で成功することは単純さの対極にあるとわかっている。ただし、世間には物事を単純に見せかけようと知恵を絞る者がたくさんおり、そうした手合いに出くわす可能性は誰にでもある。中には、カネ儲けのために倫理もないがしろにする「傭兵」のような者もいる。証券会社は「誰でも一口一〇ドルから投資できる」と説く。一方、ミューチュアル・ファンド会社は、「個人での投資は簡単ではないから、専門家にまかせるべき」と売り込む。後者の口車に乗ってアクティブ運用型のファンドに資金を投じれば、高い手数料をとられるのだ。

ほかに「布教家」と呼ぶべき者もいる。投資について教える学者や、悪気はないが、自身の能力を過大評価した専門家だ。後者の多くはまともに記録をつけていないか、不振の実績から目をそらしているか、損失を不運のせいにしているのだろう。それから、純粋に物事の複雑さを理解できない者もいる。あるとき、ドライブ中に聴いていたラジオのゲスト・コメンテーターがこう言っていた。「思い入れのある商品があるのならば、それを作った企業の株を買いなさい」。投資で成功するには、もっとほかに考えるべきことがたくさんあるはずだ。

一次的思考をする者は、他の一次的思考をする者と同じことについて同じように考え、だいたいは同じ結論にたどりつく。当然のように、これではすばらしい成果をあげることはできない。すべての投資家が市場に勝つのは不可能だ。投資家全体がまとまったものが市場なのだから。

投資というゼロサムの世界で競争しようとするのなら、上位半分に入ると思えるだけの根拠があるのか、あらかじめ自問しなければならない。平均的な投資家を上回る成績をあげる（アウトパフォームする）には、コンセンサスの裏をかく必要がある。果たして自分にその能力はあるのか。なぜそう思えるのか。

～　～　～

問題は、並外れたパフォーマンスはコンセンサスとは異なる正しい予測からしか生まれないが、コンセンサスとは異なる予測をすること、それも正しく予測すること、そして、それに基づいて行動することが難しいという点である。私が数年前の顧客向けレターに載せた以下のマトリックスには、多くの反響が寄せられてきた。

ほかの人と同じことをしたり、同じような予測を立てたりしていてはアウトパフォームできない。他人と違うことをするというのは、それ自体が目的なのではなく、一つの思考手段である。ほかの者と差をつけるには、異なるアイデアを持ち、それを人とは違うやり方で実行するとよい。こうした行動と結果の関係を概念化して簡単なマトリックスで示すと、次ページの図のようになる。

	型にはまった行動	型からはみ出した行動
好ましい結果	平均的な良い成績	平均を上回る成績
好ましくない結果	平均的な悪い成績	平均を下回る成績

もちろん、実際には物事はこれほど単純ではなく、きれいに線引きできるわけではないが、大まかに類型化するとこうなるだろう。型にはまった行動をとれば、良くても悪くても型どおりの結果となる公算が大きい。型からはみ出した行動をとらなければ、人と違う成績をあげることはできない。そして、その判断がすぐれていた場合にのみ、平均を上回るパフォーマンスの可能性が高まるのだ。

二〇〇六年九月七日付　顧客向けレター「大胆に動いて成功を摑め」より

要点はシンプルだ。すばらしい投資成績を達成するには、資産の価値についてコンセンサスとは違う見方をしなければならず、しかもそれは正確でなければならない。これは簡単なことではない。

本来の価値よりも安く何かを買うことには、何ものにも代えがたい魅力がある。では、効率的な市場で掘り出し物を見つけるにはどうすればよいか。類まれな分析力や洞察力、先見の明が必要だろう。だが、類まれというだけあって、そうした能力を持った者はほとんどいない。

二〇〇二年一一月一一日付　顧客向けレター「リターンはどこから来るのか」より

標準よりもすぐれたパフォーマンスを達成するためには、標準的ではない見通し、ひいてはポートフォリオを持たなければならない。そして、その見通しはコンセンサスよりも正確でなければならない。周りと違っていて、なおかつ、よりすぐれていること。二次的思考の特徴を端的に説明すると、こうなるだろう。

投資プロセスを単純なものだと感じている人は、概して二次的思考の必要性、あるいは二次的思考というものが存在すること自体に気づいていない。誰でも投資で成功できると勘違いしている者は多いが、みなが成功できるわけではない。ただ、一次的思考をする者が多ければ多いほど、二次的思考をする者が享受できるリターンが増えるというメリットもある。つねにすぐれた投資リターンを達成するためには、後者の仲間入りをしなければならない。

2 市場の効率性（とその限界）を理解する

理論上、理論と実践の間に違いはないが、実際にはある。

ヨギ・ベラ（元メジャーリーグ選手・監督）

一九六〇年代、「シカゴ学派」として知られる新しい金融・投資理論が台頭した。名前の由来はシカゴ大学経営大学院で生まれたことにある。一九六七〜一九六九年に同校で学んでいた私は、この新理論のメッカに自分が立っていることを強く実感した。シカゴ学派は私に多大な知識を授け、私の思考に計り知れない影響を及ぼした。

この理論は、リスク回避、（リスクの定義としての）ボラティリティ、リスク調整後リターン、システマティック・リスクと非システマティック・リスク、アルファ、ベータ、ランダムウォーク仮説、効率的市場仮説といった、やがて投資の世界の常識となる重要な概念を打ち出した（これらの用語についてはすべて後述する）。このうち効率的市場仮説は、最初に発表されてから長年にわたり、投資の世界にひときわ大きな影響を及ぼしてきた。その影響力の大きさは、ここで一章を使って説明する価値があるほどだ。

効率的市場仮説は以下のように説く。

●市場には数多くの参加者がおり、参加者は関連するあらゆる情報をおおむね同程度に入手することができる。参加者は知的で客観的な目を持ち、意欲的で努力を惜しまない。そして広く知られ、普及している分析モデルを用いている。

●これらの市場参加者の力が結集することで、情報は完全かつ即座にそれぞれの資産の市場価格に反映される。そして、参加者がただちに安すぎる資産を買い、高すぎる資産を売ることで、資産の価格は絶対的にも、他の資産との相対比較で見ても公正な水準になる。

●したがって市場価格は資産の本質的価値の正確な推計値なのであり、参加者がつねに不公正な価格を認識したり、そこから利益を得たりすることはできない。

●このため資産は、他の資産との相対比較で「公正な」リスク調整後リターンが期待できる価格で売られる。リスクの高い資産は、買い手をひきつけるために他の資産よりも高いリターンを提供しなければならない。市場は妥当とみられる価格を形成するのであり、タダ飯をふるまうことはない。つまり、追加的なリスクと関係のない（そしてリスクの増加分を埋め合わせるわけではない）追加的なリターンは生じない。

これが効率的市場仮説の大まかな要点である。では、ここからは私の考えを書こう。この理論について語る際に、私も「効率的」という言葉を使う。だが、それは「動きが迅速で、即座に情報を織り込む」という意味であって、「正しい」という意味ではない。

投資家はどんな些細な新情報も手を抜かずに吟味するため、資産の価格にはその情報の重要性に関するコンセンサスの見方が即座に反映される。この点については私も異存はない。しかし、コンセンサスの見方がつねに正しいとは思わない。二〇〇〇年一月、ヤフーの株価は二三七ドルだったが、二〇〇一年四月には一一ドルになっていた。どちらの時点でも市場が正しかったと言うのは非現実的な話だ。少なくとも一方の価格がまちがっていたと言わざるを得ない。だからといって、多くの投資家がその市場のまちがいに気づき、それに乗じることができたわけではない。

効率的市場の価格がすでにコンセンサスを織り込んでいるのだとすれば、コンセンサスと同じ見方をする者は平均的なリターンしか得られない公算が大きい。市場に勝つには、コンセンサスとは異なる独自の見方をしなければならない。

私の結論はこうだ。より効率的な市場はしばしば資産の価値を見誤るが、ほかの参加者と同じ情報をもとに動き、同じように心理的な影響を受ける個人が、コンセンサスとは異なる、そして、より正確な見方を持ちつづけるのは容易なことではない。だからこそ、市場がいつも正しいわけではないのにもかかわらず、主流の市場でアウトパフォームすることはきわめて難しいのである。

二〇〇一年七月一一日付　顧客向けレター「アルファって何だろう？」より

効率的市場仮説の最も重要な点は、「市場には勝てない」という結論部分である。この結論はシカゴ学派によって論理的に確立されているだけでなく、ミューチュアル・ファンドのパフォーマンスに関する研究でも裏づけられている。市場平均をはっきりと上回るリターンを達成するファンドは、ほとんどないのだ。

五つ星の格付けを得ているファンドはどうなのか、と思うかもしれない。細かい字で書かれた注書きを読んでみるとよい。ミューチュアル・ファンドは相対比較によって評価されているのであって、市場インデックスなどの客観的な基準を上回ったかどうかで格付けされているわけではないのだ。

それでは、うわさによく聞く著名投資家はどうなのか。第一に、一年や二年、良い時期があったというだけでは何の証明にもならない。短い期間には、チャンスさえあれば、どんな結果も起きうるからだ。第二に、統計学者は十分な年月のデータがなければ、統計的有意性は証明できないと主張する。一説によると六四年分が必要らしいが、それだけの長い期間、資産運用を行っている者はほとんどいないだろう。第三に、一人か二人の偉大な投資家が現れたとしても、この理論を覆せるわけではない。この世界でウォーレン・バフェットらが大きな注目を集めているという事実そのものが、安定的にアウトパフォームするのが異例であることを物語っている。

シカゴ学派の輝かしい功績の一つは、インデックス・ファンドとして知られるパッシブ投資手段を生み出したことである。「アクティブ運用」（ファンド内における銘柄の比率を市場の基準から上げ下げし、市場平均を上回るパフォーマンスの達成をめざす運用手法）を専門に行うポートフォリオ・マネジャーの大半が市場に勝てないのであれば、取引コストや運用手数料といった費用を負担してまで投資する意味はあるだろうか。そのような疑問を抱いた投資家は、市場インデックスに組み込まれている株式や債券に、単純に市場と同等の比率で投資するファンドへと多くの資金をつぎ込んできた。そうすることで、投資家は年にわずか数百分の一％の手数料を支払うだけで、市場と同等のリターンを得られるのだ。

後述するように、すべての物事には上昇と下降、流行り廃りといったサイクルがあり、「常識」も例外ではない。一九六〇年代に生まれた効率的市場仮説は急速に広まり、多くの信奉者を獲得した。だがその後、これに反対する意見も生じ、その妥当性に関する一般的な見方は支持派寄りになったり、反対派寄りになったりを繰り返している。

〜　〜　〜

効率的市場仮説については、個人的に引っかかる点がいくつかある。とりわけ気になるのは、リスクとリターンの関係にかかわるものだ。

投資理論によると、人は生来、危険を避けたがる性向を持っており、リスクが大きい状況よりも小さい状況に身を置きがちだ。よりリスクの高い投資は行うには、より高いリターンが約束されていなければならない。したがって、市場は周知の事実や共通認識に基づいて、よりリスクの高い資産への投資で、より高いリターンが約束されるよう、価格を調整する。

理論上、効率的な市場には、市場に勝てる投資スキル（現在よく使われている用語で言うと「アルファ」）のようなものは存在しないため、ある資産と別の資産、あるいはある投資家のポートフォリオと別の投資家のポートフォリオのリターンの差は、リスクの違いを反映していることになる。高いパフォーマンスの実績（私にはあるわけだが）を効率的市場仮説の信奉者に知らせれば、おそらくその人は「高いリターンが得られたのは、隠れたリスクがあったから」と説明するだろう（もしくは、「データのある期間が短すぎる」と言うだろう）。

時として、すべてがうまくいき、よりリスクの高い投資がそれに相応するような高いリターンを生み出すことがある。こうした平和な時期には、人々は「より高いリターンを得るには、よりリスクの高い投資をすればよい」という気分にさせられる。良い時期であればこそ気づかないのだが、その考え方はまちがっている。リスクの高い資産に投資することで高いリターンが見込めるというのなら、その資産は高リスクとは言えないからだ。

したがって、投資家は折に触れて重い教訓を得る。何ものも、もちろん根拠のないリスク許容も、タダ飯をふるまうことはないと気づき、投資理論の限界を思い知らされるのである。

以上が効率的市場仮説とその意味するところである。ここで、この理論が正しいのかどうかという大きな疑問が生じる。市場には勝てないのか。投資家はむなしい努力をしているのか。投資マネジャーに運用手数料を支払っている顧客は無駄遣いしているのか。この世界における大半のことと同様に答えは簡単ではなく、イエスともノーとも断言できない。

私は市場の効率性という概念を一刀両断に切り捨てるべきではないと考えている。合理的で計算能力のある数千もの人が、ある資産について情報を集め、入念かつ客観的に評価したら、その資産の価格は本質的価値から大幅に乖離するわけがない、と言うのはおおむね妥当だろう。ミスプライシング（価格の誤り）は日常的に起きるものではなく、したがって市場に勝つことは難しいはずだ。

実際に、きわめて効率的なアセットクラスもある。それらのほとんどには以下の特徴がある。

- ●広く認識されており、多くの者がその動向を追っている
- ●社会的に認められており、物議をかもしたり、タブー視されたりしていない
- ●投資することのメリットが、表面的にであっても明確でわかりやすい
- ●クラス全体と構成要素に関する情報が広く公平に流れている

こうした条件がそろっていれば、そのアセットクラス全体について何らかの見落としがあったり、誤った認識がされたり、過小評価されたりするはずはない。

外国為替を例に考えてみよう。ある通貨の他通貨に対する相場の変動を決定づける要因は何か。将

来の経済成長率とインフレ率である。ある個人がほかの人たちよりも、これらのことについて体系立てて予測するのは可能だろうか。おそらく無理だろう。無理なのであれば、為替取引によって平均を上回るリスク調整後リターンを恒常的に達成することは、誰にもできないはずだ。

ニューヨーク証券取引所などの主要株式市場はどうか。そこでは何百万もの人が儲けたい一心でチャンスを探っている。そして、みな同等の情報を入手している。そもそも証券市場規制の目的の一つは、誰もが同じ会社の情報を同時に入手できるようにすることにある。何百万人が同じ情報に基づいて同じように分析を行ったら、株価のミスプライシングはどれほどの頻度で起き、個人がそれに気づくことがどれくらいあるのだろうか。

頻繁には起きず、それに気づく者も多くはない、というのが答えだ。だが、そこに二次的思考の核心がある。

二次的思考をする者は、すばらしいパフォーマンスを達成するには、情報面と分析面のどちらか、あるいは両方で強みを持つ必要があるとわかっている。そして、誤った認識が生じていないか、アンテナを張りめぐらしている。駆け出しの投資家である私の息子アンドリューは、現状と今後の見通しをもとに、数多くの魅力的な投資アイデアを考え出している。若輩だが十分に訓練を積んでおり、いつもその発想の原点には、「この情報を知らないのは誰か」という疑問がある。

≀

≀

≀

効率的市場仮説における用語の中で、二次的思考をする者が拠り所とするのは非効率性である。非効率性という言葉は、「投資家は市場に勝てない」という信条に反論するための用語として、過去四〇年にわたって広く使われてきた。「市場が非効率的」という表現は、平たく言えば、「市場では過ちが起きやすく、そこから利益が生じうる」ことだと私は考える。

それでは過ちはどのようにして起きるのだろうか。効率的な市場という理論の根底にある前提条件について考えてみよう。

- ●研究熱心な投資家が数多く存在する
- ●これらの投資家は知的かつ熱心で、客観的な目を持ち、意欲的で十分なスキルを持ち合わせている
- ●みな利用可能な情報をほぼ同等に入手することができる
- ●みな自由にあらゆる資産を買ったり、売ったり、空売りしたりすることができる

効率的市場仮説はこれらの前提をもとに、すべての利用可能な情報は滞りなく、効率的に価格に織り込まれ、価格と本質的価値の間に生じたズレもすぐに解消されると説く。

しかし、市場価格はつねに正しいと断言するのは不可能だ。上記の四つの前提条件を見ると、とりわけ説得力に欠ける要素がある。客観性だ。人間は冷徹な計算機ではない。むしろ、ほとんどの人は強欲、恐怖、嫉妬などの感情につき動かされて客観性を失い、重大な過ちを犯す傾向がある。

四番目の前提条件も疑問だ。投資家はどんな資産でも自由に売買でき、所有や空売りの選択もでき

ることになっているが、現実は大きく異なる。ほとんどの専門家は、「株式部所属」、「債券マネジャー」といった肩書きがあるように、特定の市場分野にしか関わっていない。そして、空売りの経験がある投資家の比率はきわめて低い。このような状況において、アセットクラス間にある相対的なミスプライシングを解消するような決断を下し、実行に移せる者がいるだろうか。

過ちとミスプライシングが起きている市場では、類まれな洞察力を持った者が勝つことが可能である。つまり、非効率性の存在によってアウトパフォーマンスの可能性が生じるのであり、非効率性がアウトパフォーマンスの必要条件と言えるのだ。ただし、市場が非効率的だからといって、必ずしもアウトパフォームできるわけではない。

非効率的な市場というのは、以下の少なくとも一つ（そしておそらく結果として全部）の特徴を持つものだと私は考える。

●市場価格がまちがっていることが多い。情報、そしてそれを分析した結果へのアクセスに大きなばらつきがあるため、市場価格がしばしば本質的価値を大幅に上回ったり、下回ったりする。

●あるアセットクラスのリスク調整後リターンが、他のアセットクラスのものと釣り合わない場合がある。しばしば資産に公正ではない価格がつくため、あるアセットクラスのリスク調整後リターンが他のアセットクラスとの相対比較で著しく高くなったり（つまり、タダ飯がふるまわれたり)、著しく低くなったりする事態が起きる。

●一部の投資家がつねに他の投資家をアウトパフォームしている。①著しいミスバリュエーション(評価の誤り)、②参加者間のスキル、洞察力、情報アクセスの格差があるために、ミスバリュエーションが認識され、利益が生み出される状況が恒常的に生じうる。

最後の特徴は、それが意味すること、意味しないこと双方の点で非常に重要である。非効率的な市場は必ずしも参加者に大きなリターンをもたらすわけではない。むしろ、非効率的な市場は、スキルの違いに応じて勝ち組と負け組を生み出しうる材料(ミスプライシング)を提供する、というのが私の見方だ。もし価格に大きな誤りが生じるようなことがあれば、安すぎたり、高すぎたりする資産を見つけ出すことが可能と言える。非効率的な市場で掘り出し物を買った者がいるのだとすれば、その分、安すぎる価格で売った者もいるのだ。ポーカーの世界にこんな格言がある。「どのゲームにもカモがいる。四五分経っても誰かわからなければ、自分こそがカモだ」。非効率的な市場での投資についても、まったく同じことが言える。

二〇〇一年七月一一日付　顧客向けレター「アルファって何だろう?」より

≈ ≈ ≈

効率性と非効率性をめぐる大論争に関して、私はこういう結論を出している。完全に効率的、あるいは完全に非効率的な市場は存在しない。要は程度の問題である。私は非効率性が生み出しうる機会を高く評価しているが、一方で市場の効率性の概念も尊重している。そして、主流の証券市場は、儲かりそうな銘柄を探し出すのがほとんど時間の無駄と言えるほど、効率的になりうると強く感じている。

最終的に、私は一風変わった考え方にたどりついた。効率性は普遍的ではないため、すばらしいパフォーマンスをあげることをあきらめる必要はない。一方で、こうも言える。効率性は法律用語で言うところの「反証を許す推定」（あることについて、それを覆す証拠が出されないかぎり、正しいと推定すること）である。したがって、効率的ではないと判断するのに十分な根拠がないかぎり、市場は効率的であり、平均を上回るパフォーマンスをあげることはできないと推定すべきなのだ。

効率性を尊重するのならば、行動を起こす前にまず問いかけてみることだ。市場の誤りやミスプライシングは投資家の努力の結集により解消されているのか、それともまだ存在するのか。そして、それはなぜなのか。

このような疑問を抱いてみよう。

- 安すぎるものがあれば、すぐにでも進んで競り合う準備のできている投資家が何千人もいるのに、格安の資産が存在するのはなぜか
- リスクの割にリターンが高いと思われる場合、何か隠れたリスクを見落としているのではないか
- この先まだ追加利潤が見込まれる価格で、その資産を進んで売却する者がいるのはなぜか

●買い手は本当に売り手よりもその資産のことをよく知っているか
●それほどお買い得なのであれば、先を争って買おうとする者がほかにいないのはなぜか

ほかにも気にとめておくべきことがある。現在の市場が効率的だからといって、それが永遠に続くわけではないという点だ。

結論を言おう。非効率性はすばらしい投資パフォーマンスの必要条件である。完全に効率的な市場でアウトパフォーマンスをねらうのは、コイントスをするのに似ている。成功する確率はせいぜい五〇%なのだ。他の投資家を上回るパフォーマンスをあげるには、市場のどこかに、乗じるべき非効率性（欠陥やミスプライシング）がなければならない。

ただ、そうした要素があったとしても、それだけではアウトパフォーマンスの十分条件にはならない。非効率性の存在は、価格がつねに公正なわけではなく、誤りが生じていることを意味する。つまり、価格が低すぎる資産もあれば、高すぎる資産もあるということだ。割高な資産よりも割安な資産をつねに多く買うためには、他の投資家よりもすぐれた洞察力が必要なのだ。どんなときでも、すばらしい掘り出し物の多くは、他の投資家が気づいていない、あるいは今後も気づくことのないところで見つかる。ほかの者には「市場には勝てない」と思い込ませておけばよい。冒険しようと思わない者がいるからこそ、冒険する者にはチャンスが生まれるのだ。

市場の効率性という概念を唱える投資理論は、物理法則のように普遍的に正しいのだろうか。それとも非現実的な学術的仮説で、無視すべきものなのだろうか。結局のところ、重要なのはバランス感覚であり、それは経験から得た常識を生かすことで身につく。資産運用の世界でキャリアを積み重ねてきた私にとって大きな転換点となったのは、「市場の効率性という概念には妥当性があるから、どちらかというと非効率的な市場、つまり努力とスキルが一番報われるであろう場所に的を絞るべきだ」と思い至ったときである。理論を知っていたからこそ、こうした決断ができたのであり、主流の市場で時間を無駄遣いせずに済んだのだ。一方で、その理論の限界を理解しているからこそ、アクティブ運用否定論を全面的に受け入れてはいないのである。

結論を言うと、我々は理論をあくまでも決断の手がかりとすべきであり、理論そのものに支配されてはならない。また、理論を完全に無視すれば、大きな過ちを犯しかねない。我々は、ほかの者よりも多くのことを知り、数多くの参加者がいる市場でつねにアウトパフォームすることが可能と思い込みがちだ。また、リターンを期待して証券に投資するが、そのリスクはないがしろにしたりする。相関性のある五〇種類の証券を買っていながら、分散投資したと勘違いしている場合もあるだろう。

一方で、理論を丸呑みするだけでは、掘り出し物を見つけるのをあきらめたり、投資の判断をコンピュータに任せてしまったり、スキルのある個人に開かれたチャンスを逃してしまったりしかねない。こんなたとえ話をすれば、わかりやすいだろうか。効率的市場の信奉者である金融論の教授が、教え子と一緒に散歩している。

「あそこに落ちているのは一〇ドル札では？」と言う学生に、教授が答える。

「いや、そんなわけはない。もし一〇ドル札なら、誰かが拾ってしまっているはずだ」

教授が立ち去ったあと、学生は一〇ドル札を拾い上げ、一杯のビールにありついた。

二〇〇一年七月一一日付　顧客向けレター「アルファって何だろう？」より

3 バリュー投資を行う

投資で確実に成功するには、まず最初に本質的価値を正確に推計することが不可欠だ。さもなければ、投資家として成功しつづけるという夢は、夢のままで終わってしまう。

最も古くからある投資の原則は、最もシンプルでもある。「安く買って、高く売れ」。まばゆいほどに明瞭だ。それ以外のことを望む者がいるだろうか。だが、この原則が実際に意味することは何だろう。文字どおりにとらえれば、何かを安く買い、それを高く売るべき、ということだ。ではこの場合、値段が高いとか、安いというのはどういう意味だろうか。

深く考えなければ、あるものを自分が売る場合よりも安い値段で買え、という意味にもとれる。しかし、売るのはかなり先になるため、今日買うのに適正な価格を割り出す際の参考にはならない。「高い」、「安い」という言葉については、何らかの客観的な基準が必要であり、最も実用的な基準はその資産の本質的価値と言える。そうすると、この原則の意味は明確になる。「本質的価値を下回る価格で買い、上回る価格で売れ」だ。もちろん、その言葉に従うためには、本質的価値とは何かをよく理解したほうがよい。私にとっては、本質的価値を正確に推計することが、投資の出発点として欠かせないプロセスである。

≀　≀　≀

簡略化して言えば（簡略化しすぎかもしれないが）、企業の株式に投資する際のアプローチは二つの基本型に分けられる。その企業の「ファンダメンタルズ」（事業内容や業績などの基礎的要因）分析に基づくアプローチと、その株式そのものの値動きの研究に基づくアプローチだ。言い換えれば、投資家には二つの基本的な選択肢がある。その株式に潜む本質的価値を推計し、そこから株価が乖離した場合に売買する方法と、将来の株価動向の見通しのみに基づいて投資の判断を下す方法だ。

ここではまず、後者について説明しよう。私がその有効性を認めておらず、議論の対象から早々に外してもよいと思うからだ。「テクニカル分析」と呼ばれる過去の株価動向の研究は、私がこの業界に入ったころから（実際にはそれよりもずっと前から）行われているが、その勢いは衰えている。ファンダメンタルズ分析を補完するため、過去の株価変動パターンに関する考察が行われることは今でもある。しかし、株価動向そのものの見通しを主な投資判断基準としている人の話を聞くことは、かつてより著しく減っている。

テクニカル分析衰退の一因は、「ランダムウォーク仮説」にあると言える。ランダムウォーク仮説は一九六〇年代前半に生まれたシカゴ学派の理論の一つで、ユージン・ファーマ教授の主導で編み出された。同仮説は、過去の株価変動が将来の株価変動の予測にまったく役立たないと説く。別の言い方をすれば、株価はコイントスの結果と同じようにランダムに動く。先刻承知のように、コイントスで一〇回連続して表が出たとしても、次のトスで表が出る確率はあくまでも五〇％だ。これと同様に、ある株式の価格が過去一〇日連続して上昇していたとしても、明日どう動くのかはわからない、とランダムウォーク仮説は論じる。

テクニカル分析以外で、過去の株価動向を判断基準にする投資アプローチに、いわゆる「モメンタム投資」がある。こちらもランダムウォーク仮説と相容れない存在であり、私としても評価しがたい。私の知るかぎり、このアプローチを実践している投資家は、値上がりした銘柄の株価はさらに上昇しつづけるという前提のもとに投資を行っている。

モメンタム投資は株価上昇が続く強気相場においては有効かもしれないが、問題点もたくさんある。たとえば、かつて経済学者のハーバート・スタインが皮肉をこめて語ったように「永続できないものは、いずれ終わる」のだ。それでは、モメンタム投資家はどうなるのか。このアプローチを用いて、株価下落を免れるタイミングで売ることはできるのか。下げ相場では、どうすればよいというのか。

モメンタム投資が知性に訴える投資アプローチではないことは明らかだ。そのことを最もよく示す例が、一九九八〜一九九九年に台頭したデイトレーダーと呼ばれる人々だ。デイトレーダーの大半はプロの投資家ではなく、ハイテク、メディア、通信株ブームの中で楽して儲けようと、ほかの職業から転身した者たちだった。デイトレーダーがポジションを翌日に持ち越すことはほとんどない。持ち越せば、相場の急変動で損失が生じかねないからだ。デイトレーダーは、動向を追っている株がむこう数時間で値上がりするのか、値下がりするのか、一日の中で何度も賭けをするのである。

このような方法で儲けようとする人のことが、私にはまったく理解できない。これでは、次に角を曲がって現れる人の性別を当てようとするのと変わらない。デイトレーダーは、ある株式を一〇ドルで買って一一ドルで売り、翌週に二四ドルで買い戻して二五ドルで売り、さらに一週間後に三九ドルで買って四〇ドルで売る、といった取引をしたときに、成功したと思うらしい。三〇ドル値上がりした株を売買したのに三ドルの利益しか得ていない、ということに気づかない人は、これ以上、本書を読むべきではないだろう。

≀

≀

≀

モメンタム投資家とその信条や、知的分析を必要としないその他の投資アプローチすべてを議論の対象から外すと、二つのアプローチが残る。それは「バリュー投資」と「グロース投資」で、ともにファンダメンタルズを重視した手法である。簡単に言えば、証券の現在の本質的価値を推計し、価格がこれを下回ったときに買うのがバリュー投資家で、将来、価値が急増する証券を見つけ出そうとするのがグロース投資家である。

バリュー投資家にとって資産は、魅力的に見えるから（あるいは、他の投資家がそれを魅力的だと感じているから）といった理由で投資する、概念的なはかないものではない。資産は本質的価値を確定することのできる有形物であり、もし本質的価値を下回る価格で買えるのであれば、バリュー投資家はそれを実行に移すことを考えるだろう。このように賢明な投資を行うには、本質的価値の推計値をもとにしなければならない。そして、その推計はあらゆる利用可能な情報に基づき、厳格に行う必要がある。

二〇〇三年七月一日付　顧客向けレター「一番大切なこと」より

証券（あるいはそれを発行している企業）の価値を決めるものは何か。さまざまな要素が挙げられる。金融資産、経営力、工場、小売店舗、特許、人的資源、ブランド力、潜在成長性、そして何よりも利益とキャッシュフローを生み出す力だ。実際にほとんどの分析アプローチでは、金融資産、経営力、工場、小売店舗、特許、人的資源、ブランド力、潜在成長性などがすべて、正確に評価できることになっている。どれも最終的に利益とキャッシュフローへとつながるからだ。

バリュー投資では、実物資産やキャッシュフローなどの目に見える要素を重視する。才能や人気のファッション、長期的な成長性といった実体のない要素には、あまり重点を置かない。中には実物資産にしか注目しない流派もある。極端な例では、発行企業の流動資産（現金、売掛金、在庫など）から負債総額を差し引いた額を、株式時価総額が下回った場合にその銘柄を買う「ネット・ネット投資」と呼ばれる手法もある。この場合、理論の上では、全株式を買い占め、流動資産を現金化し、負債をすべて返済しても、事業といくばくかの現金が手元に残る。かかったコスト分を懐に入れても現金が余るのであれば、その事業を「ゼロより安い」価格で手に入れたことになる。

バリュー投資で追求するのは安さである。一般的に、バリュー投資家は利益、キャッシュフロー、配当、実物資産、企業価値などの財務指標に注目し、これらから安いと判断した銘柄を買うことを重視する。したがって、バリュー投資家にとっての第一目標は、発行企業の現在価値を定量化し、安く買えるときに株を買うことである。

グロース投資は、地味でコツコツとした作業を必要とするバリュー投資と、アドレナリンを放出させるモメンタム投資の中間に位置するようなアプローチだ。グロース投資の目標は将来有望な企業をつきとめることだ。つまり定義上は、企業の現在の業績などにはあまり重きを置かず、将来性をより重視する。

二つの主要投資アプローチの違いを要約すると、以下のようになる。

- バリュー投資家は、（たとえ本質的価値が将来的にほとんど増大しないとしても）現在の本質的価値が現在の株価との相対比較で見て高いと確信すれば、その株式を買う
- グロース投資家は、（たとえ現在の本質的価値が現在の株価との相対比較で見て低くても）将来的に十分な利益を生み出すほど本質的価値が急増すると確信すれば、その株式を買う

したがって、どちらのアプローチを採用するのかは、割安感と成長性のどちらかではなく、今日の本質的価値と明日の本質的価値のどちらかを重視することではないかと私は考える。グロース投資家は、企業の業績拡大が将来的に実現するかどうかに賭け、バリュー投資家は原則として現在の企業の価値に基づいて投資判断を下すのだ。

二〇〇四年七月二一日付　顧客向けレター「幸せな中心点」より

バリュー投資家は将来の見通しをまったく考慮せず、グロース投資家は将来の見通しだけに頼る、とまとめてしまうのは簡単だが、短絡的すぎるだろう。結局のところ、企業の現在の本質的価値を推計するには、その将来性に関する見解が必要なのであり、そのためにはマクロ経済情勢や競争環境、技術進歩などの見通しを考慮せざるを得ないのだ。うまくいきそうなネット・ネット投資の場合でも、その企業の資産が不採算の事業や無分別な買収のために浪費されているのであれば、失敗する可能性がある。

バリュー投資とグロース投資とをはっきり線引きすることはできない。どちらの場合でも将来性を考慮する必要がある。バリュー投資家は企業の成長性も勘案する。一方、グロース投資家は、成長性があるのに安い銘柄に投資するのであって、割安感も判断基準としている。要するに、何にどれだけの重きを置くかという程度の問題である。グロース投資は将来性を重視し、バリュー投資は現在の価値を重視するが、将来性についても織り込まないわけにはいかない、とまとめるのが妥当ではないだろうか。

ここで、グロース投資の極端な例として「ニフティ・フィフティ（すばらしい五〇銘柄）」ブームの話をしよう。バリュー投資と一線を画したこのブームは、成長株マニアがどれだけ過激な行動に走りうるかを物語っている。

一九六八年、私はファースト・ナショナル・シティ・バンク（FNCB、現シティバンク）投資リサーチ部門のサマージョブに参加し、投資運用業界で初めて働いた。FNCBは、長期的な利益成長見通しが特にすぐれた企業を選別する「ニフティ・フィフティ投資」と呼ばれるアプローチを採用していた。投資マネジャーたちは、成長性以外に「質」、つまり「高い成長見通しが実現する可能性の高さ」も重視していた。そして、高い成長性と十分な質を兼ね備えた銘柄なら、価格はどうでも構わないというのが公式見解となっていた。現時点の尺度で見て割高でも、数年経てばその株価に見合った企業に成長する、という考え方だったのだ。

こうした背景から、成長株のポートフォリオでは薬品株、ハイテク株、消費財株のウェイトが著しく高くなっていた。FNCBのポートフォリオには、IBM、ゼロックス、コダック、ポラロイド、メルク、イーライリリー、エイボン、コカ・コーラ、フィリップモリス、ヒューレット・パッカード、モトローラ、テキサス・インスツルメンツ、パーキンエルマーといった有名企業の名が並んでいた。いずれも高い成長性が見込まれていた米国の偉大な企業である。これらの企業の先行きについてはまったく心配ないと思われていたため、その株式にカネをつぎ込むことには何のためらいもなかったのだ。

それから数十年経った今日、これらの企業はどうなっているだろう。コダックやポラロイドのように、予期できなかった技術の変化で中核事業が斜陽化してしまった企業もあれば、ＩＢＭやゼロックスのように、動きの鈍さから新たに台頭してきた競合会社にシェアを奪われた企業もある。このように、ＦＮＣＢがポートフォリオに組み込んでいた米国のかつての優良企業は、私がこの道に入ってから四二年の間に衰退の道をたどったり、場合によっては倒産したりしてしまったのだ。企業の長期的な成長性とそれを正確に予測する能力に限界があることは、これでよくわかっただろう。

バリュー投資に比べて、グロース投資は大勝ち狙いが中心となる。大勝ちできる見込みがなければ、将来の予測にともなう不確実性に耐えるかいがないではないか。たしかにそのとおりで、未来に目を向けることは現状を見つめることよりも難しい。したがって、グロース投資家の打率は低めになるが、そのリターンは高めになってもおかしくない。最良の新薬、最強のコンピュータ、大ヒット映画などをどの企業が生み出すかを正確に予測することは、きわめて困難なはずである。

一般的に、グロース投資は成功した場合にリターンが劇的に増大する可能性がある一方、バリュー投資では成功した場合でもリターンはより安定的である。私自身はバリュー投資を選ぶ。本書でも、重視するのはドラマチックさよりも安定性だ。

〜　〜　〜

安定的に好ましい結果が得られる可能性があるというのなら、バリュー投資は簡単なのだろうか。答えはノーである。

まず、バリュー投資は本質的価値を正確に推計することにかかっている。さもなければ、投資家として成功しつづけるという夢は、夢のままで終わってしまう。正確に推計できなければ、高すぎる、あるいは低すぎる価格でその銘柄を買う公算が大きい。そして高すぎる価格で買ってしまった場合、予想外の本質的価値の上昇や、強気相場、あるいはもっと見る目のない買い手（「より愚かな者」と呼ばれる）の出現を待たなければ、利益をあげることはできない。

バリュー投資のアプローチを採用することにし、証券や資産の本質的価値を推計したら、次に重要となるのはそこからぶれないことだ。投資の世界では、何かが正しかったとしても、必ずしもそれがすぐに証明されるわけではないからだ。

投資家にとって、つねに正しいことをしつづけるのは難しい。そして、つねに正しいことをしかるべきタイミングで行うのは不可能だ。バリュー投資家が最大限望めるのは、資産の本質的価値を正しく見積もり、価格がそれを下回ったときに買うことだ。だが今日、買ったところで、明日からすぐに利益が得られるわけではない。本質的価値に関する見方を我慢強く保持することが、利益の獲得につながるのだ。

たとえば、本質的価値を八〇と見積もった証券が六〇で買える機会に恵まれたとしよう。本質的価値を大幅に下回る価格で買えるチャンスは毎日あるわけではないから、これは歓迎すべき状況である。ウォーレン・バフェットの言葉を借りれば、「数ドルを五〇セントで買う」ようなものだ。そこで、これを実行に移せば、いい買い物をした気分になるだろう。

しかし、すぐに成功すると期待してはいけない。その後も価格の低下が続き、結果的に見ると下がりきる前に買ってしまったということもよくあるからだ。そうした場合、獲得しそこなった利益にほどなく気がつき、偉大な投資格言の一つ、「急ぎすぎは失敗も同然」を思い出すのだ。それでは、本質的価値八〇の証券の価格が六〇ではなく、五〇になったら、どうするだろうか。

大学のミクロ経済学入門のクラスでは、縦軸に価格、横軸に需要数量をとった需要曲線のグラフは右肩下がりになると教えられる。あるものの価格が上がれば、需要数量は減るからだ。言い換えれば、価格が高いものを欲しがる人は少なく、安いものを欲しがる人は多い。当然の話だ。だからこそ、セール中の店ではいつもより商いが増えるのである。

この法則は多くの場に当てはまるが、投資の世界に限っては、とても鉄則とは言えない。ここでは多くの人が、自分が買ったものの価格が上がると、より大きな満足感を覚える。自分の判断が正しかったと感じられるからだ。一方、価格が下がると、買いどきの判断を誤ったのではないかと疑いはじめ、不安になる。

このため、その資産を保有しつづけたり、いわゆる「ナンピン買い」（平均取得価格を下げるために、さらに安い価格で買い増すこと）をしたりするのは非常に難しくなる。価格下落がまだまだ続くとわかった場合は特にそうだ。六〇で買おうと思っていた証券の価格がまだ下がるのであれば、五〇、あるいはもっと低い四〇や三〇で買ったほうがよいと感じるだろう。しかし、どの時点で買うかという判断は簡単ではない。損しても構わない者などいないので、やがてみな次のような疑問を抱くのだ。「もしかしたら自分の判断はまちがっていて、市場のほうが正しいのではないか」。こうした危険性は、次のような考えが頭をもたげはじめると極大化する。「下げが止まらない。ゼロになる前に手放したほうがよいのではないか」。こうした投資家の心理が底値を切り下げる展開を呼び、売りを加速させるのだ。

利益や配当、株価水準、あるいは事業内容について無知（あるいは無関心）な投資家は、単純に正しいことを正しいタイミングで行うのに必要な強い意志を持つことができない。周りの人がみな株を買い、カネを儲けている状況において、株価が上がりすぎたことを理解し、その輪に加わるのをやめることなど不可能だ。また、株価が急落しているときに、持ち株を保有しつづけたり、大幅に低下した価格で買ったりするのに必要な自信を持つこともできないのだ。

二〇〇〇年五月一日付　顧客向けレター「根拠なき熱狂」より

株価水準について正しい見解を持っていても、意志が固くなければ、あまり役に立たない。誤った見解の持ち主の意志が固い場合、状況はさらに悪化する。この点だけを見ても、すべてを正しく行うことがいかに難しいか、わかるだろう。

自白剤を投与して「どんなアプローチで投資しているのか?」と質問したら、ほとんどの投資家(特にアマチュア投資家)は、まちがいなくこう答えるだろう。「値上がりする銘柄を探している」。だが、真剣に利益を追求するなら、もっと形のあるものを拠り所にしなければならない。私の考えでは、ファンダメンタルズ分析に基づいて導き出された本質的価値が最もふさわしい。本質的価値を正確に推計することは、感情に流されない着実な投資、利益を生み出す可能性の高い投資に不可欠な土台なのだ。

バリュー投資家が最も高い利益をあげるのは、割安な資産を買い、まめにナンピン買いをしているうちに、価格が分析どおりに上昇した場合である。したがって、下げ相場で利益をあげるのに不可欠な条件は二つある。一つ目は、本質的価値に関する見解を持っていること。二つ目は、その見解を我慢強く持ちつづけ、たとえ値下がりのせいで自分がまちがっているような気にさせられても、買うことだ。最後にもう一つ忘れてはならないのは、その見解が正しくなければならないという点である。

4

価格と価値の関係性に目を向ける

投資は「良いものを買う」ことではなく、「ものをうまく買う」ことで成功する。

バリュー投資の有効性を確信するようになり、ある株式かその他の資産について本質的価値を推計することができるようになったとしよう。さらに、その推計値が正しいとしよう。だが、それで終わりではない。どのような行動をとるべきか知るために、その資産の価格が本質的価値に対してどの程度の水準にあるかに注目しなければならない。ファンダメンタルズ（本質的価値）と価格の間に健全な関係を築くことが、投資を成功させるうえでカギとなる。

バリュー投資家にとって、価格は出発点でなければならない。どんな資産も、高すぎる価格で買ってしまえば悪い投資になるということは、繰り返し立証されている。そして、十分安い価格で買っても良い投資にならないほど、悪い資産はほとんどない。

「Aしか買わない」、「Aはすぐれたアセットクラスだ」などと断言する人は、「Aならどんな価格でも買う。そして、どんな価格でもBやCやDより優先的に買う」と言っているも同然に思える。だが、それはまちがっている。いかなる場合でも高いリターンが保証されるアセットクラスや投資はない。妥当な価格というものがあればこそ、魅力が生じるのだ。

もし「私の車を買わないか？」とあなたに持ちかけたら、おそらくあなたはイエスかノーと答える前に価格を聞くだろう。投資においても、価格が妥当かどうかを注意深く考えずに判断を下すのは愚かな行為である。しかし、価格水準を熟慮することなく投資判断を下す人々は、（一九九〇年代末のハイテク株ブームのように）欲しいものをただそれだけの理由で買ったり、（一九七〇年代〜一九八〇年代初頭のジャンク債のように）欲しいと思えないものには手を出さなかったりするのだ。

まとめると、価格と無関係に良い投資アイデア、悪い投資アイデアと言えるものはない。

二〇〇三年七月一日付　顧客向けレター「一番大切なこと」より

≀　≀　≀

何かを公正な価格で買ったら、そのリスクに見合ったリターンが期待できる、というのは効率的市場仮説の根底にある前提条件であり、完全に理にかなっている。しかし、アクティブ投資家はリスク調整後で公正なリターンではなく、それを上回るリターンを求める（公正なリターンで満足できるのなら、インデックス・ファンドでパッシブ投資を行えば、さまざまなトラブルも防げるではないか)。本質的価値と同じ価格で何かを買っても、あまりうまみはない。そして、本質的価値を上回る価格で買うのは、明らかにまちがった行為である。高すぎる価格で行った投資を成功させるには、かなりの努力か幸運が必要となるからだ。

前章で触れたニフティ・フィフティについて思い出してほしい。株価のピーク時に、それら大手企業のほとんどの株価収益率(PER=株価÷一株当たり利益)は八〇~九〇倍に達していた(ちなみに、戦後の一般的な株式の平均PERは一〇倍台の半ばである)。しかし、ニフティ・フィフティ信奉者の誰にも、行き過ぎた株価水準について懸念している様子は見られなかった。

だが、それから数年ですべてが一変した。一九七〇年代前半になると株式市場は冷え込んだ。中東産油国による原油禁輸措置などの外生要因やインフレ率の上昇で先行きが不透明になり、ニフティ・フィフティ株は暴落した。八〇~九〇倍あったPERは、わずか数年で八~九倍に低下し、米国の超優良企業にカネをつぎ込んでいた投資家は、元手の九〇%を失ったのである。偉大な企業と見込んで投資したのだろうが、買った価格がまちがっていたのだ。

オークツリーでは、「良い買い物は半ば売れたも同然」という言い方をする。買ったものについて、「いくらで、いつ、誰に、どんな経路で」売れるか考えるのに多くの時間を費やさなくて済む、という意味だ。安く買ったのであれば、答えは自ずと出てくる。本質的価値に関する推計が正しければ、その資産の価格はやがて本質的価値へと収斂《しゅうれん》していくからだ。

企業の価値とは何だろう。つきつめれば、この問いにたどり着く。良いアイデアやすばらしい事業だけでは、株式を買う根拠として不十分である。妥当な（できることなら割安な）価格で買わなければならないのだ。

二〇〇〇年一月三日付　顧客向けレター「バブル・ドットコム」より

さて、ここで疑問が生じる。価格には何が織り込まれるのか。買いを検討する者が価格の正しさを確信するためには、何に注目すればよいのか。もちろん、その証券のファンダメンタルズに基づく価値なのだが、ほとんどの場合、証券の価格は（そしてその短期的な変動は主に）二つの異なる要因に左右される。心理とテクニカル要因だ。

大部分の投資家（とりわけ大部分のアマチュア投資家）は、テクニカル要因についてほとんど知らない。テクニカル要因はファンダメンタルズ、つまり本質的価値とは無関係に、証券の供給と需要に影響を及ぼす要因だ。二つ例を挙げよう。一つは、信用取引を行っていた投資家が、市場の暴落で証拠金の追加預け入れを迫られて行う投売り。もう一つは、ポートフォリオ・マネジャーの買いを誘うミューチュアル・ファンドへの資金流入だ。いずれの場合も、価格とはほとんど関係なく、証券取引を行う必要が生じる。

率直に言うと、最良の投資方法とは、暴落時にどんな価格でもとにかく売らなければならない人から買うことである。これまでに我々が成功させた投資の多くは、このような状況で行われたものだ。ただし、注意すべき点が二つある。

●投売りする人から買い、どんな価格でもよい買い手に売るというやり方で投資家としてのキャリアを築くことはできない。このような相手はつねに存在するわけではなく、危機時かバブル期という、まれにしか訪れない極端な状況でのみ出現するからだ。

●投売りする人から買うことはこの世界で最良の選択肢だが、投売りする側になるのは最悪の道である。したがって、最悪の時期に資産を売らずに保持できるよう、やりくりすることが不可欠だ。そのためには長期資本と心理的な強さが必要となる。

ここで話は、価格に非常に大きな影響を及ぼすもう一つの要因、心理へとつながる。心理的要因の重要性はどれだけ強調しても、しすぎることはない。本書でも、投資家心理とその諸状態への対応について、数章にわたって論じているほどだ。

本質的価値を算定する際のカギは高度な財務分析にあるが、価格と本質的価値の関係性（そしてその見通し）を理解するうえでのカギは、主として他の投資家の心を読むことにある。短期的に見ると、投資家心理はファンダメンタルズとは無関係に、証券の価格をいかようにも動かす要因となりうる。

投資の世界で最も重要な学問は会計学でも経済学でもなく、心理学である。カギとなるのは、いま現在、投資をしたがっている人としたがっていない人について知ることだ。将来の価格変動は、投資したいと思う人がこの先増えるか減るかで決まる。

投資は一種の人気投票であり、最も危険なのは人気の絶頂にある資産を買うことだ。ピーク時にはあらゆる好材料や好意的な見解が価格に織り込み済みであり、それ以上新しい買い手は現れない。

最も安全で、最も高い収益性が見込まれる投資をするには、誰も欲しがらないものを買えばよい。時間とともにその資産の人気や価格が変わるとしても、上方にしか行かないからだ。

一九九四年一月二四日付　顧客向けレター「投資機会の認識に関する雑考」より

明らかに、これも①非常に重要で、②習得するのがきわめて難しい分野の話である。第一に、心理はとらえどころがない。第二に、他の投資家の心にのしかかり、その行動に影響を及ぼす心理的要素は、自分の心にものしかかってくる。あとの章で述べるように、こうした背景から、人々はすぐれた投資家がしなければならないことと正反対の行動を起こしがちだ。自己防衛するには、市場心理を理解するために時間と労力を投じる必要がある。

絶対に理解しておくべき点は、ファンダメンタルズに基づく価値は、証券を買う日の価格を決定する要因の一つにすぎないということだ。心理とテクニカル要因も味方につけられるよう、心がけなければならない。

根気強いバリュー投資の対極にあるのは、やみくもにバブルに乗じるやり方である。バブルにおいては、本来あるべき価格と本質的価値の関係性が完全に無視される。

すべてのバブルの始まりには、一抹の真理がある。

●チューリップは美しく、(一七世紀のオランダでは)希少価値がある
●インターネットは世界を変える
●不動産はインフレに強い資産で、住宅であれば住みつづけることができる

一握りの賢い投資家がこうした真理を見出し(あるいは予見し)、その資産に投資して利益をあげはじめる。すると、ほかの者がそのアイデアに飛びつき(あるいは単純に、カネを儲けている人がいることに気づき)、同じように買って価格をつり上げる。価格がさらに上昇するにつれ、投資家は簡単にカネ儲けができる可能性にいっそう欲を燃やし、価格の公正さについてどんどん考えなくなる。前の章で「人は価格が上がっているものを買いたがらなくなるが、投資においてはしばしば価格が上がっているものを買いたがるようになる」といったことを書いたが、この現象が極端な形で現れるのだ。

たとえば、二〇〇四年から二〇〇六年にかけて、米国民は家やマンションについて、良いことしか思い描いていなかった。マイホームを持つというアメリカン・ドリームの実現、インフレに強いというメリット、安く借りられる住宅ローン、ローン利払いの税控除、そして「住宅価格は上がりつづける」という究極的な共通認識だ。このように分別を欠いたブームがその後どうなったのかは、ご存じのとおりである。

「絶対に損しない」という罰当たりな考えはなぜ起きるのか。ハイテク株バブルでは、「もっと高い価格で喜んで買う者がほかにいる」と信じて疑わなかったため、買い手は株価が高すぎかどうか、懸念することがなかった。残念ながら、「より愚かな者」理論は永遠に有効なわけではない。やがて価格水準（バリュエーション）が重視されるようになり、「より愚かな者」は現れなくなる。そして、最後に貧乏くじを引いた者が報いを受けるはめになるのだ。

●株式の背景にある好材料に偽りはないかもしれないが、高すぎる価格で買えば、やはり損をする可能性がある。
●そうした好材料と、周りの誰もが大儲けしているらしい状況から、それまで輪に加わることに抵抗していた者も結局は降伏し、買ってしまう可能性がある。
●ある銘柄、グループ、市場のピークは、最後まで抵抗していた者が、ついに買い手となったときに訪れる。そのタイミングはファンダメンタルズの変化と無関係な場合が多い。
●「価格が高すぎ」という言葉は「次に相場が動くのは下方向」という意味からは程遠い。高すぎる価格が長く続いたり、さらに上昇したりする場合もありうる。
●それでも、やがてはバリュエーションが物を言うときがくる。

二〇〇〇年一月三日付　顧客向けレター「バブル・ドットコム」より

問題は、「魅力的」という言葉が、バブルの渦中では「どんな価格でも魅力的」という意味にすり変わってしまうことだ。よく聞くのは、「安くはないが、過剰流動性のせいでまだまだ上がると思う」といった言い分だ（理由の部分には、過剰流動性に限らず、さまざまな要因が入る）。違う言い方をすれば、「もう十分に高いが、まだまだ高くなると思う」である。このような考え方をもとに買ったり、保持したりするのは非常に危険だが、そうやってバブルは膨らんでいくのだ。

バブル期には、市場の勢いへの陶酔が本質的価値や公正価格といった概念に取って代わり、強欲（それに加えて、周りが楽にカネ儲けしているらしい様子を傍観している辛さ）が、ほかの状況なら発揮されるかもしれない慎重さをかき消してしまうのだ。

まとめると、私は堅実な本質的価値の分析に基づく投資アプローチが最も信頼に足ると考えている。一方で、本質的価値とは無関係に利益をもたらすものをあてにすること（バブルに頼ること）は、おそらく最も信頼性が低いやり方だろう。

ここで、投資収益が得られる可能性のある方法について考えてみよう。

●資産の本質的価値の増大で利益を得る

問題は、本質的価値の増大を正確に予測するのが難しいことである。さらに、増大の可能性に関する一般的な見方は通常、資産価格に織り込み済みであるため、コンセンサスとは異なるすぐれた見方を有しているのでなければ、すでに増大余地の分は価格に織り込まれている公算が大きい。

一部の投資分野、とりわけ未公開株式（企業買収）と不動産の分野では、「支配的な投資家」が資産を積極的に運用して本質的価値の増大をもくろむことが可能だ。やってみる値打ちはあるが、時間がかかるうえ不確実であり、高度な専門性を必要とする。また、たとえばすでに優良な企業である場合、資産の質の向上を実現させるのが難しい可能性もある。

●レバレッジを利かせる

ここで問題なのは、レバレッジを使う（借りたカネで資産を買う）ことが、投資の質の向上や、利益が生じる確率の上昇につながらない点である。レバレッジは、利益あるいは損失が生じる際にその規模を増幅させるだけである。また、高レバレッジのポートフォリオの場合、価格や流動性が著しく低下すると、破綻リスク（取引を継続できなくなるほど投資元本が減少する確率）が高くなる恐れがある。保有資産の担保価値が貸し手との契約で定められた水準を満たせなくなり、返済を迫られる場合もありえるからだ。長年、レバレッジは高いリターンを生み出す要因として注目されてきたが、一方できわめて深刻な危機や暴落の背景にもなってきた。

●保有する資産を本質的価値を上回る価格で売る

誰もが、売ろうとしている資産をその本質的価値を上回る価格で進んで買ってくれる買い手が現れることを望む。だがもちろん、そのようなカモの到来はあてにできない。割安な資産の価格が公正な水準まで上昇する場合とは違い、公正な、あるいはそれを上回る価格の資産の値上がりを期待するには、買い手側の不合理な行動が必要であり、まったく頼りにすることはできない。

●資産を本質的価値を下回る価格で買う

私の考えでは、これこそがカネ儲けをするうえで最も信頼性の高い方法だ。本質的価値を下回る価格で資産を買い、価格が本質的価値に向かって上昇する間、保有するのに、幸運を引き寄せる力は必要ない。市場参加者が現実に目を覚ませばよいだけのことだ。市場が正常に機能していれば、本質的価値の磁力が価格を引き上げてくれるのだ。

投資利益をあげる可能性のある方法すべての中でも、安く買うことが明らかに最も信頼性が高い。ただし、この方法も確実に有効なわけではない。現在の本質的価値について見誤ったり、何らかの出来事で本質的価値が低下したりする可能性もある。また、市場参加者の投資姿勢や相場の軟化で売りが加速し、価格が本質的価値をさらに大幅に下回る恐れもある。あるいは、経済学者ジョン・メイナード・ケインズが「市場は、あなたが支払い能力を保てる期間よりも長く、不合理な状態を続けることができる」と言ったように、価格が本質的価値に収斂するまでに、想定よりも長い時間がかかるかもしれない。

このように、本質的価値を下回る価格で買う方法は絶対に確実なわけではないが、それでも最も信頼性の高い選択肢である。

5 リスクを理解する

リスクとは、将来、実際に起きることよりも、起こりうることのほうが多いという意味である。

エルロイ・ディムソン（ロンドン・ビジネス・スクール教授）

投資をひとことで言い表すとすれば、「未来に対処すること」である。未来のことが確実にわかる者などいないから、リスクは避けられない。つまり、リスクに対処することが、投資における一つの（そして私が思うに絶対の）必須要素である。価格が上がりそうな投資先を見つけることはそれほど難しくない。ふさわしい候補が見つかれば、投資家は買いに動いてしまうものだろう。だが、積極的にリスクへの対処を行っていなければ、長く成功しつづける見込みは薄い。リスクに対処するには、まずリスクを理解し、次にそれが高まったときにしっかり認識することだ。そして、最も重要な最後のステップが、リスクをコントロールすることである。非常に複雑かつ重要な問題であるため、リスクについてはこれから三章を使って詳しく説明したい。

リスク評価が投資プロセスにおいて非常に重要な要素であると言う背景には、三つの強力な理由がある。

第一に、リスクは悪いものであり、分別ある人のほとんどはこれを回避あるいは最小化したがる。金融理論では、人は生来、リスクを避けたがる性向を持っており、リスクが大きい状況よりも小さい状況を選ぶことが基本前提となっている。したがって、ある資産への投資を検討している投資家は、まずそのリスクがどれぐらいで、自分がその絶対量を許容できるかどうかについて判断を下さなければならない。

第二に、投資を検討する際には、潜在的なリターンだけでなく、付随するリスクも考慮して判断を下すはずだ。投資家はリスクを嫌うため、追加的なリスクを許容するうえで、高めの予想リターンという見返りを求める。わかりやすい例を挙げよう。ともに年七％のリターンが見込まれる米国債と小規模企業の株式があれば、みな前者の買いに殺到し（その結果、前者の価格は上昇し、予想リターンは低下する）、後者を投売りする（その結果、後者の価格は下落し、予想リターンは上昇する）だろう。こうした相対価格の調整（経済学者は「均衡化」と呼ぶ）によって、予想リターンはリスクに比例するはずである。

したがって、付随するリスクの絶対量を許容できるかどうかに関する判断を下した投資家が次にするのは、そのリスクをとるのに見合ったリターンがあるかどうかを判断することだ。リターンだけに目を向けても、この判断ができないのは明らかである。リスクを評価する必要があるのだ。

第三に、投資成績について考える際、リターンそのものだけを見るのではなく、付随したリスクについても評価する必要がある。そのリターンをもたらしたのは、安全な資産への投資だったのか、それともリスクの高い資産への投資だったのか。債券か、株式か。基盤のしっかりした大手企業か、不安定な中小企業か。流動性の高い株式あるいは債券か、それとも流動性のない私募発行証券か。借入れに頼った投資か、自己資金のみの投資か。集中投資型のポートフォリオか、分散投資型のポートフォリオか。

もちろん、運用報告書を受け取り、年一〇％の投資利益が生じたことを知っても、投資家にはマネジャーが良い仕事をしたのか、悪い仕事をしたのかはわからない。その答えを知るには、マネジャーがどれだけのリスクを負ったのかに関する情報がなければならない。言い換えれば、おおよその「リスク調整後リターン」を知る必要がある。

次ページの図表5－1は投資の世界で当たり前のように出てくるグラフで、リスクとリターンの関係を示したものだ。ここに描かれているのは「資本市場線」と呼ばれる右肩上がりの線で、リスクとリターンの間に正の相関関係があることを示している。市場では、リスクのより高い資産で、より高いリターンが生み出されるように価格が調整される。そうでなければ、誰がリスクの高い資産を買うのだろうか。

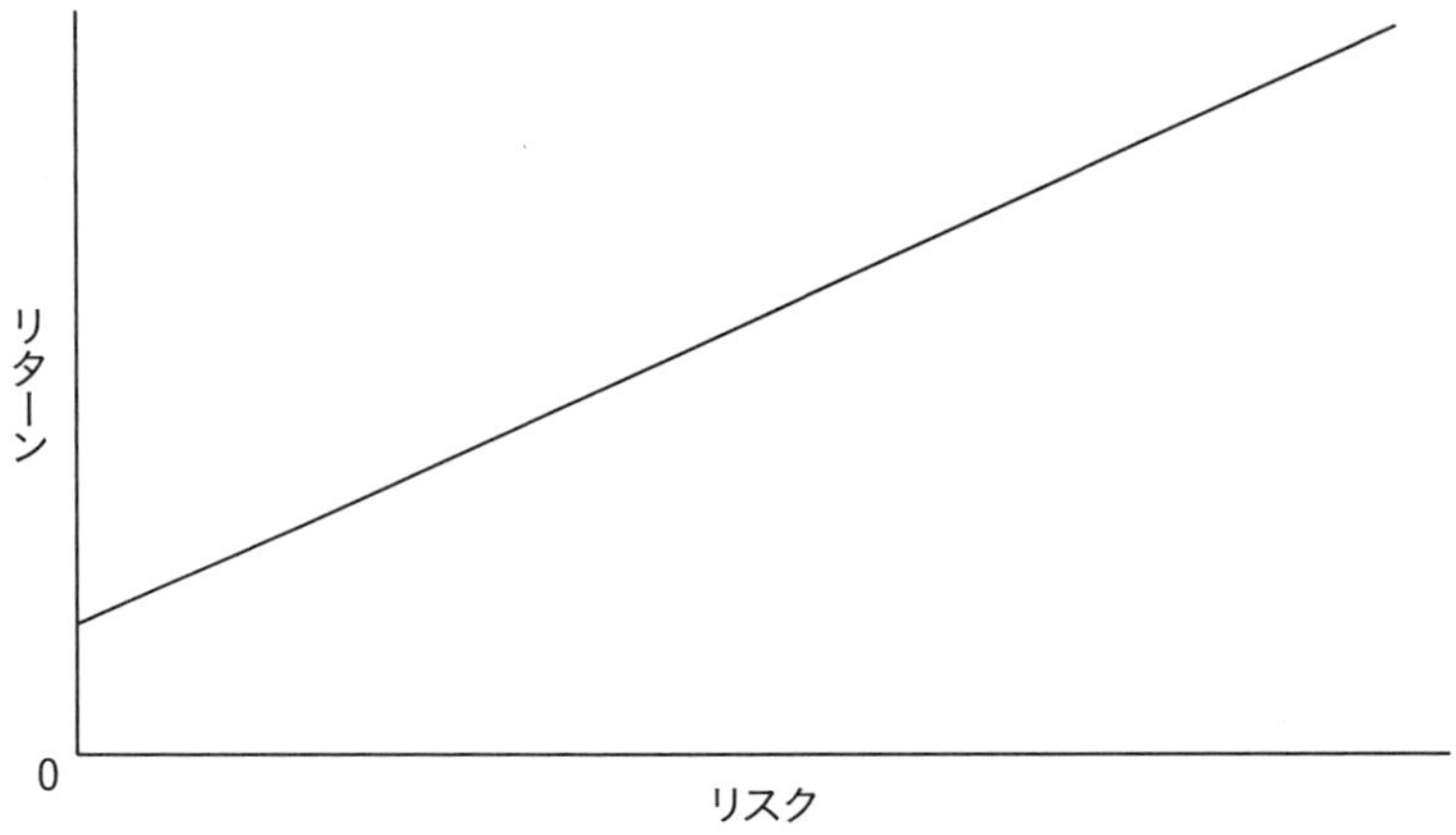

図表5-1

リスクとリターンの関係を示すおなじみの図は、わかりやすさという点ですぐれている。だが残念なことに、多くの人がこの図からまちがった判断を下し、痛い目にあっている。

特に相場が良い時期には、「リスクのより高い投資は、より高いリターンをもたらす。もっと儲けたければ、もっとリスクをとることだ」という話を、これでもかというほど耳にするだろう。だが、リスクの高い投資を高いリターンの源としてあてにすることはありえない。理由は単純だ。リスクの高い資産が確実に高いリターンを生み出すというのなら、その資産は高リスクとは呼べないからである。

厳密に言うならば、「よりリスクの高い資産は、資本をひきつけるために、より高いリターン

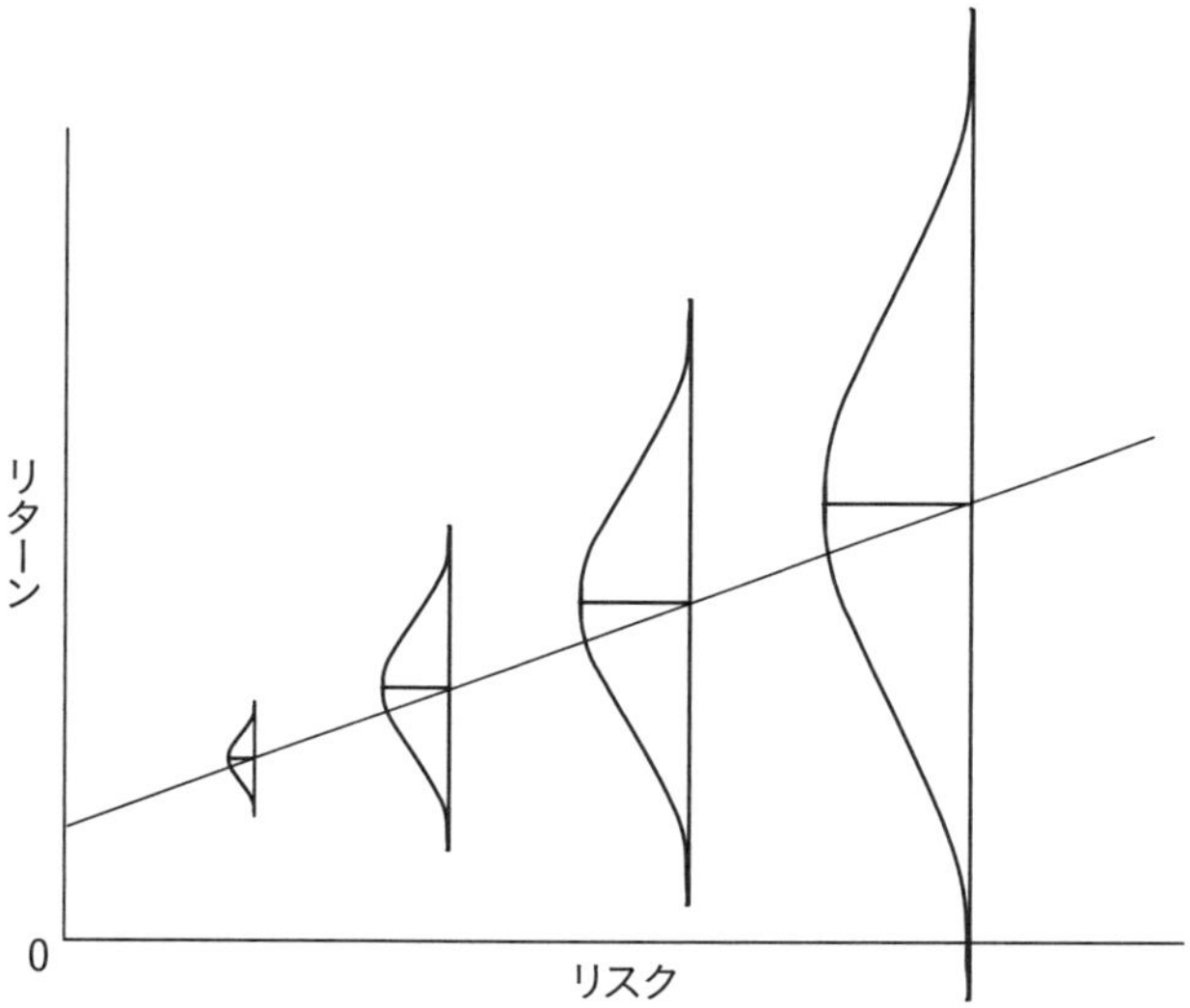

図表5-2

の見込み、またはより高い公約リターン、もしくは高い期待リターンを提示しなければならない」となる。しかし、こうした高リターンの見通しが実現する必然性はまったくない。

図表5－2は、リスクとリターンの関係をよりわかりやすく示すために、資本市場線に私が手を加えたものだ。

リスクの高い投資というのは、先行きがより不確かな投資のことだ。つまり、リターンの確率分布の幅が広い。価格が公正な場合、リスクの高い投資には以下の三つがともなう。

- 高い期待リターン
- リターンが低くなる可能性
- 場合によっては損失が出る可能性

従来のリスク・リターン図（図表5－1）は一見正しそうだが、的確ではない。リスクとリターンの間にある正の相関関係は描いているものの、先行きの不確かさについてはまったく示していないからだ。「より高いリスクをとれば、より多くのカネが儲けられる」というイメージをこの図によって植えつけられたせいで、多くの人がみじめな思いをしてきたのだ。

私が手を加えた図は、もう少し役に立つのではないだろうか。こちらはリスクと期待リターンの間にある正の相関関係に加えて、リターンの先行き不確実性と、リスク増大時に損失が拡大する可能性をも示している。

二〇〇六年一月一九日付　顧客向けレター「リスク」より

次になすべき重要なことは、リスクの定義づけである。リスクとは正確には何を示すのだろう。ヒントを得るために似たような単語を挙げてみよう。危機、危険、脅威……。どれも外れているわけではなさそうだが、適切とは言いがたい。

また、金融理論（図表5－1のリスク・リターン図とリスク調整の概念の背景にあるのと同じ理論）では、リスクをボラティリティ（あるいは変動性、または偏差）と厳密に定義している。この表現には「危ない」というニュアンスは含まれていない。

資本市場理論を構築した学者らによれば、リスクとはすなわちボラティリティである。ボラティリティは投資の不確実性を示すからだ。このリスクの定義について、私は異議を唱える。

これは私の考えだが、学者は意識的に、あるいは無意識のうちに、便宜上の理由からボラティリティをリスクの代名詞に決めた。過去の実績値や将来の推測値として示すことができる客観的な数字が必要だったからだ。ボラティリティはこうしたニーズにかなうものであり、その他のリスクを示す指標の多くはそうではなかった。ただ、ここで最大の問題は、ほとんどの投資家が気にしているリスクはボラティリティではない、と思えることだ。

リスクにはさまざまな種類がある。しかし、ボラティリティがそれらすべてに関連しているとは考えにくい。理論上、投資家はボラティリティの高い投資について、より高いリターンを求めることになっている。とはいえ、ボラティリティの高い投資ほど高いリターンを提供するような価格を市場が形成するのだとすれば、そのようなボラティリティとリターンの相関性を求める人々がいるはずだが、私はお目にかかったことがない。オークツリーの内部でも外部でも、「価格が乱高下するかもしれないから買わない」などと誰かが言うのを聞いたことは一度もない。したがって、投資家が目標価格や予想リターンを設定する際に、ボラティリティをリスクとして織り込んでいるとは考えがたいのだ。

投資家はボラティリティよりも、資金を失ったり、リターンが許容できないほど低くなったりすることを懸念して、投資を差し控えるのだと思う。私から見ると、「価格が乱高下するのが恐いから、もっと値上がり余地があるほうがよい」と言うよりも、「損したくないから、もっと値上がり余地があるほうがよい」と言うほうが、はるかに説得力がある。いや、ここで断言しよう。「リスク」とは何よりもまず、資金を失う可能性のことである。

二〇〇六年一月一九日付　顧客向けレター「リスク」より

取り返しのつかない損失を被る可能性は、私自身とオークツリーが、そして私が知るすべての現実的な投資家が懸念するリスクである。とはいえ、ほかにもさまざまな種類のリスクが存在しており、投資家はそれらに対しても敏感になるべきだ。なぜなら、それらのリスクは自分自身、あるいは周りの投資家に影響を及ぼし、自分が利益を得る機会をもたらす可能性があるからである。

投資リスクはさまざまな形で現れる。一部の投資家にとってリスクとなる要因が、ほかの投資家には影響しないケースも多い。また、一部の投資家の特定の投資においては安全に見える要因が、ほかの投資においてはリスクとなる場合もある。

●目標を達成できないリスク

投資家のニーズはそれぞれ異なっており、各投資家にとって、そのニーズを満たせないことはリスクとなる。たとえば、退職したある元企業幹部は生活するために年四％の投資利益を必要としている。実際には年六％の利益が得られたとしたら、ボーナスが入ったようなものである。一方、年八％の投資利益をあげる必要がある年金基金の場合、年六％の利益しかあげられない時期が長引いたら、それは深刻なリスクとなる。明らかに、このリスクは個人的、主観的なもので、絶対的、客観的なものではない。そういう意味では、ある投資は一部の人にとってリスクが高くても、ほかの人にとっては無リスクであるかもしれない。したがって、この「目標を達成できないリスク」は、「市場」がより高い予想リターンという見返りを要求するリスクにはなり得ない。

●アンダーパフォーマンスのリスク

ある投資マネジャーが、ある顧客の資産運用で最善を尽くしても、もうこれ以上の利益があげられないとわかっているとしよう。そして、何らかのインデックスに連動させなければ、損失が発生することが明らかだとしよう。リターンがベンチマーク（運用成績を測定し、評価するための基準となる指数など）の水準から大きく乖離するリスクを「ベンチマーク・リスク」と呼ぶ。マネジャーはインデックスに連動した運用を行うことで、このリスクを取り除ける。しかし、アウトパフォーマンスの夢をあきらめきれず、インデックスと連動させない運用を望む投資家はみな、著しくアンダーパフォームする（投資成績がベンチマークを下回る）時期に直面する。すぐれた投資家の多くは、自身の採用する投資アプローチに強く固執する。だが、万能のアプローチなどないため、すぐれた投資家でさえ、長期にわたってアンダーパフォームする可能性があるのだ。たとえば、バブル期には「リスクをとらないせいでブームに乗り遅れるリスク」が生じるが、規律ある投資家はこのリスクを許容することもいとわない（著名投資家のウォーレン・バフェットとジュリアン・ロバートソンが一九九九年に記録したアンダーパフォーマンスは、同年のハイテク株バブルの波に乗ることを拒絶した二人の強い意志の証しであった）。

●キャリア・リスク

このリスクは、アンダーパフォーマンス・リスクの極端な例で、運用を行う者と、投資資金の出し手が異なる場合に生じる。投資マネジャー（あるいは「エージェント」）は、自分が分け前にあずかれない利益をたくさんあげることにはあまり関心を持たないかもしれないが、自分の職を脅かす損失を出すことには強い恐怖を抱くだろう。つまり、マネジャーにとって、自分の居場所を危うくしかねないリスクを冒す価値はほとんどない。

●型からはみ出すことによるリスク

キャリア・リスクと重なるが、周りと違う行動をとることによるリスクがある。他人の資金を運用する者にしてみれば、絶対評価がどうであるかにかかわらず、平均的なパフォーマンスを記録するほうが、周りと違うことをして失敗し、クビになるかもしれない危険を冒すよりも、気楽でいられるだろう。このリスクへの懸念から、多くの投資家はすぐれたパフォーマンスをあげられずにいる。一方で、周りと違うことをする勇気のある者は、型破りな投資を行って利益をあげるチャンスを得るのだ。

●非流動性リスク

たとえば、三カ月後に手術代を払う、あるいは一年後に家を買う予定の投資家は、その日までに現金化するのが難しそうな投資を行うことはできない。こうした投資家にとってのリスクは、損をすることや、価格が乱高下することや、前述の諸リスクではない。必要なときに妥当な価格で現金化できないことがリスクなのだ。これもやはり個人的なリスクである。

二〇〇六年一月一九日付　顧客向けレター「リスク」より

ここで、損失が出るリスクがどのような場合に生じるのかについて、少し説明したい。

第一に、損失リスクは必ずしも脆弱なファンダメンタルズから生じるものではない。一流ではない企業の株式や投機的格付けの債券、立地条件の悪いビルなど、ファンダメンタルズが優良とは言えない資産も、十分に安い価格で買えば、大きな利益を生む可能性がある。

第二に、マクロ環境が悪くなくてもリスクは存在しうる。傲慢さ、リスクに対する無理解と無配慮、それにちょっとしたマイナス材料が組み合わされるだけで、大きな混乱が起きる可能性はあるのだ。ポートフォリオを組む際に、そのプロセスを理解するために必要な時間と労力を費やさない者はみな、こうしたリスクを抱える恐れがある。

たいていの場合、リスクは楽観的すぎる心理と、それにともなう行き過ぎた価格となって現れる。投資家は刺激的な筋書きや市場の活気を、高い潜在リターンと結びつけて考える傾向がある。また、最近、好調なものから高いリターンが得られると期待する。こうして勢いを強めた投資は、目先は人々の期待に応えるかもしれないが、高いリスクをともなうことは確実である。人々の熱狂によって持ち上げられ、私が呼ぶところの「人気の舞台」に上がった資産は、高いリターンを提供しつづける可能性とともに、低いリターンあるいは損失をもたらす可能性をも生み出すのだ。

理論では、高リターンは高リスクに付随することになっている。前者は後者の見返りとして存在するとの理由からである。だが実利主義のバリュー投資家は、まったく逆の考え方をする。本質的価値を大幅に下回る価格で資産を買えば、高リターンと低リスクは両立しうるというのだ。同様に、高すぎる価格で買うことは、低リターン・高リスクを意味する。

地味で相手にされず、場合によっては悪いイメージがつきまとったり、売りたたかれたりしている証券（往々にして、パフォーマンスがよくないというだけの理由で安売りされている）は、しばしば高リターンを期待するバリュー投資家に好まれる。こうした証券の場合、強気相場でトップクラスのリターンをもたらすことはほとんどないが、概して平均的にすぐれたパフォーマンスを演じる。ゆるやかな価格変動と低いファンダメンタルズ・リスクが特徴で、相場がひどく下げているときでも損失は比較的小さいため、いわゆる「注目株」よりも安定したリターンを生み出す。このような地味な安売り銘柄にとって最大のリスクは、たいていの場合、超強気相場でアンダーパフォームする可能性だが、これはリスク意識の高いバリュー投資家にとっては歓迎すべきものである。

〰 〰 〰

投資家が、リスクが高いと感じる投資に高い予想リターンを要求するという点に異論はないだろう。また、求める予想リターンをもとに投資の目標価格を設定するにあたって、最も警戒するリスクは損失を出すことだという点にも、おそらく賛同してもらえるだろう。だがまだ解決されていない重要な疑問がある。投資家はどうやってリスクの大きさを測るのだろうか。

第一に、リスクの大きさというのは、見解上の問題にほかならない。教養とスキルに基づいた将来の予想だったとしても、予想は予想でしかない。

第二に、リスクを数値化する基準は存在しない。ある投資について、高リスクと見る者もいれば、低リスクと思う者もいる。また、リスクという言葉について、利益が出ない確率と言い表す者もいれば、資金の一定割合を失う確率などとみなす者もいるだろう。損失を出すリスクについても、一年という期間で考える者もいれば、保有期間全体で考える者もいるはずだ。ある資産への投資にかかわる投資家すべてが一堂に会し、手の内を見せ合ったとしても、その投資のリスクを表す数字について全員の意見が一致することは決してないだろう。仮に一致したとしても、その数字を、他のグループが別の資産への投資について導き出したリスクの数字と比較することはおそらく不可能だ。リスクとリターンに関する判断が「機械化」、つまりコンピュータに一任できるものではないと私が言う一因はここにある。

ベンジャミン・グレアムとデビッド・ドッドは六〇年以上前に、バリュー投資家のバイブルである『証券分析』の第二版で、この点を以下のように論じている。「さまざまな種類の投資と損失リスクとの関係はまったく特定できず、また状況に応じてめまぐるしく変化するものであるため、明確に数式化することなどできない」

第三に、リスクとは見た目ではわからないものだ。繰り返し起きる出来事が今後も起きる可能性といった常識的な材料は織り込まれやすい。だが、一生に一度しか起きないような特異な出来事は定量化しがたい。投資が、非常にまれにしか起きないきわめて深刻なリスク（私はこれを「ありえなそうな災厄」と呼んでいる）に弱いという事実は、投資が実態よりも安全に見えている可能性があることを示している。

結論を言うと、未来に起こりうるリスクのほとんどは主観的で、見えにくく、定量化できないのである。

このことをどのように受け止めたらよいのだろうか。損失リスクが計量、定量化、あるいは察知すらできないのであれば、そして主観的なものなのであれば、どうやって対処すればよいのか。有能な投資家は、一定の状況下で存在するリスクを感知することができる。主に①本質的価値の安定性と信頼性、②価格と本質的価値の関係性をもとに、判断を下すのだ。ほかのことも考慮に入れるが、たいていの場合、この二点のどちらかに大別されるような要因である。

最近では、より科学的にリスク評価を行うための試みがいろいろとなされている。金融機関は資産運用チームから独立して計量分析を行う「リスク・マネジャー」を常勤で雇い、ポートフォリオ内のリスクを計測するための「バリュー・アット・リスク（VaR）」などのコンピュータ・モデルを導入している。しかし、これらの人材やそのツールが導き出す結果が、計測に用いた入力情報や、その情報をどう処理するかについて下した判断を超えることはない。このような取り組みが、すぐれた投資家の主観的な判断に等しい成果をあげるはずはない、というのが私の考えだ。

損失の確率を数値化することが難しい点を考慮すると、リスク調整後リターンについて何らかの客観的な指標を求める投資家（そのような投資家が多いのだが）にできるのは、いわゆるシャープレシオに注目することぐらいしかない。シャープレシオとは、ポートフォリオの超過リターン（ポートフォリオの収益率から無リスク資産、つまり短期米国債の収益率を差し引いたもの）をポートフォリオの収益率の標準偏差で割った比率である。この尺度は、日常的に取引されて値がつく公募証券には有効とみられる。ある程度の合理性を持っており、今ある中ではまちがいなく最良の指標だ。シャープレシオは損失の可能性をはっきりと示すものではない。だが、ファンダメンタルズ面でのリスクが高い証券は低い証券よりも価格の変動が激しく、こうした要素がシャープレシオに反映されると考えるのは妥当だろう。不動産や会社まるごと一社のように、市場で価格がつきにくい私有資産については、リスク調整後のリターンを客観的に示す指標はない。

数年前、将来的なリスクを計量することの難しさについて考えていた私は、投資リスク（ここでの定義は損失の可能性）が、主観的で見えにくく、定量化できないという特徴ゆえに、過去の実績についてもせいぜい推計することしかできないものだと気づいた。

自分の行った投資が、期待どおりのパフォーマンスを記録したとしよう。この場合、リスクは高くなかったと言えるのだろうか。また、一〇〇ドルで何かを買い、一年後に二〇〇ドルで売ったとしよう。リスクは高かったのだろうか。誰も答えることはできない。もしかしたら、現実にはならなかったものの、目に見えない大きな不安要因があったのではないか。だとすれば、この投資の実際のリスクは高かったのかもしれない。あるいは、この投資で損失が出た場合、リスクが高かったと言えるのだろうか。それとも、この投資について分析し、実行した時点で、リスクが高いと認識されていたはずなのだろうか。

少し考えれば、こうした疑問への答えはすぐに出てくる。何かが起こった（ここでは「損失が生じた」）という事実は、それが起きるべくして起きたことを意味するものではない。また、何かが起きなかったという事実は、それが起きる可能性が低かったことを意味するものではない。

ナシーム・ニコラス・タレブの著書『まぐれ』は、私にとって、この問題に関するバイブル本である。この中で、タレブは起きていた可能性はあるが実現しなかった「違った歴史」について論じている。同書に関しては16章で詳しく述べるが、ここでは「違った歴史」という概念がリスクとどう関係しているか、という興味深い点について説明したい。

投資の世界では、一つの偉大な戦略、あるいは極端だが結果的に当たっていた一つの予測を頼りに長く生きていけることもある。だが、たった一度の成功でいったい何が証明されるのだろうか。市場が活況を呈している時期には、最も高いリターンは最も高いリスクをとった者によって達成されることが多い。これらの者は、上げ相場を見越して高いリスクをとった知恵者だったのか、それとも単に猪突猛進型の人物で、結果オーライだっただけなのか。もっと単純な言い方をすると、この世界において、まちがった根拠に基づき、結果的には良い成績をあげてしまうケースはどれくらいあるのか。世の中には、ナシーム・ニコラス・タレブが「運がいいだけの愚か者」と呼ぶ人々がおり、短期間ではこれらの者を有能な投資家と見分けることはとても難しい。

問題は、投資を完結させたあとでも、それに付随していたリスクの大きさを知ることはできない点だ。当然のように、投資がうまくいったという事実は、リスクが高くなかったことを示すものではなく、その逆もまたしかりである。成功した投資について、その好ましい結果が必然だったのか、はたまた一〇〇ある可能性（その大半は好ましくないもの）の一つにすぎなかったのか、どうやって判断すればよいのだろうか。失敗した投資にも同じことが言える。妥当な投資だったが不運に見舞われたのか、やけどするのも当たり前の無謀な賭けだったのか、どのように確かめればよいのだろう。

投資家自身は付随するリスクの評価にしっかりと取り組んだのか。これも答えるのが難しい疑問だ。天気予報の場合で考えてみよう。気象予報士が「明日の降水確率は七〇％」と言ったとする。翌日、雨が降ったら、予報は当たったことになるのか、外れたことになるのか。また雨が降らなかった場合はどうなのか。かなり大量の実験データがないかぎり、ゼロか一〇〇以外の予想確率の精度を評価するのは不可能だ。

二〇〇六年一月一九日付　顧客向けレター「リスク」より

こうしてたどり着くのが、本章の冒頭で引用したエルロイ・ディムソンの言葉だ。「リスクとは、将来、実際に起きることよりも、起こりうることのほうが多いという意味である」。ここからは、リスクの形而上学的な側面について述べたい。

本章の最初の一文を覚えているだろうか。「投資をひとことで言い表すとすれば、『未来に対処すること』である」。とはいえ、未来について「知る」のは絶対に不可能だ。先見の明があれば、将来に関するシナリオの幅を限定し、その中で相対的にどの状況が最も起きやすいか、といった大まかな確率分布を算出することができる（先見の明がなければ、このようなシナリオを描くことはできず、当て推量をするしかない）。また、将来について直感が働けば、どのような事態が最も起こりやすそうか、ほかにも起きる可能性が高そうなことはあるか、起こりうる結果はどれぐらいの範囲に及ぶかの見当をつけ、「予想される結果」を導き出すことができるだろう。予想される結果は、それぞれの状況を起きる確率によってウェイトづけすることで計算できる。そのデータは、もっともらしい未来の様子を、すべてとはいかないまでも雄弁に物語る。

ただし、どのような事態が最も起きやすく、どのような結果をもたらすかを示す確率分布の形状を把握したところで、またその予想がきわめて妥当だったとしても、あくまでも可能性あるいは傾向を知るにすぎないのだ。私はよく親友ブルース・ニューバーグと「ジン・ラミー」（二人で対戦するトランプゲーム）や「バックギャモン」に興じる。出てくるカードやサイコロの目の確率が正確に計算できるこの手のゲームでは、ランダム性が果たす役割の大きさと、確率の気まぐれさが浮き彫りになる。ブルースはこのような状況について、いみじくもこう言い表している。「確率と結果の間には大きな違いがある。いつだって、起きそうなことは起きず、起きそうもないことが起きるのだ」。これは、投資リスクについて知りうることの中でも特に重要な教訓である。

確率分布の話になったところで、正規分布のことを特記したい。言うまでもなく、投資家は未来の出来事について判断を下す必要がある。そのために、起こりそうな事象の中心的な位置を示す代表値、つまり平均または期待値（平均的に起きると予想される結果）、中央値（その値よりも上になる確率が五〇％、下になる確率が五〇％となるような結果）、最頻値（最も高い頻度で起きる結果）などを求める。しかし、中心的な期待を知るだけでは、未来に対処するのに不十分だ。その他の起こりうる事象とその確率についても頭に入れておかなければならない。つまり、可能性がある事象すべてを示す分布図が必要なのだ。

人の身長など、代表値の周りに集中して発生する事象の分布図は、ほとんどがおなじみの鐘形カーブを描く。確率が最も高い部分を頂点とし、左右に行くにしたがって低くなる曲線だ（両端の裾野部分は尻尾に似た形状から「テール」と呼ばれる）。米国人男性を身長別に見ると、一七八センチの人が全体の中で最も多く、一七五センチや一八〇センチの人はやや少ない。また一六〇センチや一九〇センチの人はかなり少なく、一四二センチや二一三センチの人はほとんどいない。こうした個々の観測値（データ）の確率をいちいち図示するよりも、その確率分布の特徴を簡便に示す方法がある。いくつかの統計パラメーターを使って標準的な分布を導き出せば、分布の全体像を把握できるのだ。

鐘形の分布のうち、最もよく知られているものは「正規」分布と呼ばれる。ただ、「鐘形」と「正規」は混同して使われることが多いが、同じ意味ではない。前者が一般的な分布の種類を表す一方、後者は鐘形分布の中でも非常に限定された統計的特徴を持つものを示す。この二つをはっきりと区別しなかったことが、おそらく近年の金融危機をもたらす重要な要因となった。

危機が起きる何年も前から、金融業界では「クオンツ」とも呼ばれる金融エンジニアがデリバティブや仕組み債などの金融商品の開発と評価を主導していた。多くの場合において、クオンツは将来の事象が正規分布に従うと仮定してきた。正規分布では、両端のテールに分布する事象（「テール・イベント」）がきわめてまれにしか発生しないことが前提となっている。だが、人は感情に駆られて極端な行動をとる傾向があり、おそらくこうした行動が、金融商品の世界に「ファット・テール」現象を引き起こしてきた。「ファット・テール」とは、テール・イベントが正規分布の場合よりも高い確率で発生する（テールが正規分布よりも厚くなる）現象のことだ。近年の金融危機は、住宅ローンの債務不履行《デフォルト》が広範囲で発生するなか、住宅ローン関連金融商品の分野において、まず起きないであろうと思われていた事態が次々に現実化したことから生じた。そして、めったに発生しないはずのテール・イベント（ナシーム・ニコラス・タレブの比喩を借りれば「黒い白鳥《ブラック・スワン》」）をあまり考慮せず、正規分布に従うと仮定して開発された商品に投資していた者が、多くの場合、やけどするはめになったのだ。

いまや投資は高度な数学に頼るものへと変わっている。この複雑な世界に、単純化された仮定が誤って持ち込まれていないか、目を光らせていなければならない。数学的な要素が入ると、眉唾ものの売り文句にも、しばしば過剰な説得力が生まれる。その場合、トラブルが生じる可能性はきわめて大きいのだ。

ここに、リスクを理解するためのカギがある。リスクの大きさは、概して考え方によって変わる。事が起こったあとでさえ、リスクを定義づけることは難しい。たとえば、相場の悪い時期に投資家Aが被った損失が投資家Bよりも小さかったとすると、AがとったリスクはBよりも小さかったと結論づける者もいるだろう。また、ある環境下で証券Cの価格が証券Dの価格よりも大きな下落を記録した場合、CはDよりも高リスクだったと言う者もいるだろう。このような考え方は果たして正しいのだろうか。

ほとんどの場合、投資パフォーマンスというのは、さまざまな要因（地政学要因、マクロ経済要因、企業レベルの要因、テクニカル要因、心理要因）の組み合わせが、現存するポートフォリオに降りかかった結果生じるものだと言ってもよいだろう。エルロイ・ディムソンが言うように、将来に起きる可能性があることはたくさんあるが、現実となるのは一つだけだ。これから起きることは、投資家のポートフォリオにプラスに働くかもしれないし、マイナスに働くかもしれない。あるいは、パフォーマンスの良し悪しは投資家自身の洞察力や慎重さ、もしくは運に起因するものかもしれない。現実となったシナリオ下でのポートフォリオのパフォーマンスを見ても、起こりえた数多くの「違った歴史」でどのような結果が生じたはずなのかは、まったくわからないのだ。

●すべてのシナリオのうち九九％に耐えられるように設定されたポートフォリオEが、残り一％のシナリオが現実となったせいで損失を出したとする。投資家が非常に慎重だったにもかかわらず、結果から判断すれば、この投資は高リスクだったように見える。

●ポートフォリオFは、半分のシナリオでは非常にすばらしいパフォーマンスを、もう半分のシナリオでは非常にさえないパフォーマンスを演じるよう設定されたとしよう。望ましいほうのシナリオと好パフォーマンスが実現した場合、傍観者はこのポートフォリオが低リスクだったと結論づけるかもしれない。

●ポートフォリオGは、ある型破りなシナリオが実現した場合にのみ、成功するよう設定されたとする。これが現実となった場合、向こう見ずな賭けが、保守的で先見の明のある行為と誤解される可能性がある。

リターン（特に短期の場合のリターン）だけを見ても、投資判断の質がどうだったのかは、ほとんどわからない。リターンは、それを達成するためにとったリスクの量と相対比較して評価する必要がある。だが、リスクは計量できない。当然のように、その時々にみんなが口を揃えて言っていることをもとに評価するわけにもいかない。リスクを評価できるのは、経験豊富で洗練された、二次的思考ができる者だけである。

リスクを理解することに関する私の結論は以下のとおりである。

非凡な洞察力の持ち主はおそらく別として、投資リスクは、事が起きる前には、また投資が完結したあとであっても、概して目に見えない。これまでに発生した深刻な金融危機の多くは、リスクを予見し、管理することに失敗した結果、起きた。その理由として、次のさまざまな要因が挙げられる。

●リスクは未来にのみ存在するのであり、未来がどうなっているのか正確に知ることは不可能だ。終わった過去に曖昧さはない。ただ起こったことが起きたという事実があるだけだ。だがその事実は、その結果を生み出したプロセスが明確で信頼に足るものであったことを意味するわけではない。過去のあらゆる状況で起こりえたことは多々あったはずだ。しかし、実際には一つのことしか起きなかったために、さまざまな展開がありえたという点がなおざりにされるのだ。

●リスクをとるかどうかという判断は、これまで何度も繰り返されてきたパターンを考慮したうえで下される。そして多くの場合、パターンどおりのことが起きる。だが時として、今までとはまったく違った事態が生じる。そして、ありえないと思われた話が現実になることも、まれにある。

●予測は過去の常識の枠に近い範囲内で立てられる傾向があり、ほんの小さな変化しか織り込まれない。要するに、人はいつも未来が過去と同じようになると見込み、変化が生じる可能性を軽視するのだ。

●「最悪の場合の」予測という言葉を何かと耳にするが、実際に起きた状況はそれよりもっと悪かったということがしばしばある。父からよく聞いた話を紹介しよう。いつも負けてばかりのギャンブラーがいた。ある日、馬が一頭しか出場しない競馬のことを知り、借金をつぎ込んでその馬に賭けた。しかし、馬はコースを半周したところでフェンスを越えて逃げてしまった。この話のように、人々の予想よりも事態が悪い方向に動く可能性はつねにある。「最悪の場合の」という言葉は、おそらく「過去に経験したなかで最悪の」に言い換えられるだろう。ただし、将来の状況が予想よりも必ず悪くなるわけではない。二〇〇七年には、多くの人が行き過ぎた「最悪の場合」を想定していた。

●リスクは不定期に訪れる。たとえば、毎年「住宅ローンの二%がデフォルトする」と言われており、数年間の平均で見ればその数字は合っているとする。だが、ある一時期に集中してデフォルトが多発し、関連する仕組み債の崩壊を招く、というケースも考えられる。こうした不定期な波によって、一部の投資家（とりわけ高いレバレッジを利かせている者）の命運が尽きる可能性はつねにあるのだ。

●人はリスクを計測し、まったく経験したことのないメカニズムを理解する自身の能力を過信する。理論上、人間と他の生物との違いの一つは、経験がなくても何か危険が起きることがわかる点にある。たとえば、我々はやけどしてからでなくても、ストーブの上に座ってはいけないことを知っている。だが、強気相場のとき、人はこうした機能を果たさなくなりがちだ。先にあるリスクを認識するよりも、新しく編み出した金融ツールの機能を理解する能力を過信する傾向があるのだ。

●最後に、そして重要なことに、ほとんどの人はリスクをとることを主にカネ儲けの手段としている。より高いリスクをとれば、通常はより高いリターンが得られる。市場はそれが本当だと思わせるように価格を形成しなければならない。さもなければ、人はリスクの高い投資を行わなくなるだろう。しかし、市場はいつもそのように動くわけではない。もし高いリターンがつねに得られるのであれば、それはリスクの高い投資ではないからだ。そして、リスクをとっても報われない場合、リスクをとることはまったく意味をなさない。そうして人はリスクがどういうものであるのか、思い知らされるのだ。

二〇〇七年一二月一七日付　顧客向けレター「今回も違わない」より

6 リスクを認識する

金融システムは以前よりも安定化している。今後、不安定になるとしたら、それは我々がレバレッジを高め、もっとリスクをとるためだろうというのが私の考えだ。

マイロン・ショールズ（ノーベル経済学賞受賞者）

一般的には、リスクは景気後退時に増大し、好況期に低下すると考えられている。だがむしろ、リスクは景気拡大期に金融の不均衡が増大することで高まり、景気後退によって顕在化すると考えたほうが妥当かもしれない。

アンドリュー・クロケット（元国際決済銀行総支配人）

いくらファンダメンタルズが良好だったとしても、強欲で過ちを犯しやすい人間には、混乱を引き起こす能力がある。

投資ですばらしい成果をあげるには、リターンを生み出すことと、リスクをコントロールすることの両方が必要だ。そして、リスクをコントロールするためには、まずそれを認識することが絶対的な必要条件となる。

これまでの章で、リスクがどういうものなのか（そして、どういうものではないのか）に関する私の考えを明らかにしたつもりだ。リスクとは、将来、生じる結果についての、そして好ましくない結果が生じた場合に損失が発生する確率についての不確かさを意味する。次に重要なステップとして、リスクがリスクとして認識されうるプロセスについて説明したい。

リスクの認識は多くの場合、投資家が過度に楽観的でリスクをないがしろにしており、その結果として、ある資産を高すぎる価格で買っていると気づくところから始まる。言い換えれば、高リスクは主として高い価格とともに訪れる。個別の証券など、特定の資産が過大評価されて割高となっている場合でも、相場全体が強気のセンチメントに押し上げられて青天井となっている場合でも、価格が高い状況で及び腰にならず、輪に加わることが、リスクの主因となるのだ。

≀　≀　≀

理論家が、リターンとリスクは相関関係を持っているが、まったく別のものだと考えているのに対して、バリュー投資家は、高リスクと低い期待リターンが表裏一体の関係にあると見ている。どちらも主に高い価格によってもたらされるからだ。したがって、個別の証券についてであれ、市場全体についてであれ、価格と本質的価値の関係性を意識することが、リスクにうまく対処するうえで不可欠な要素となる。

価格が高くなりすぎて、得られるはずの潜在的なリターンよりも、損失が発生する可能性が強まったときにリスクは生じる。このリスクに対処するには、まずそれを認識することだ。

右肩上がりの資本市場線が示すように、潜在的なリターンの増加は追加的なリスクをとることへの見返りを意味する。自分で「アルファ」を生み出せる、あるいは「アルファ」マネジャーに頼れる投資家でなければ、追加的なリスクをとらずに、追加的なリターンを得ようなどと考えるべきではない。追加的なリターンを得るためには、リスク・プレミアムを要求すべきなのだ。

だが相場が振り子のように上下動を繰り返すなかで、人々はたいてい摂理を忘れ、過度のリスクを進んでとるようになる。短い間であれば何もかもうまくいっていることが多い強気相場において、人はこのような言葉を発しがちだ。「リスクはわが友。高いリスクをとれば、それだけリターンも増大する。もっと高いリスクをとろうではないか」

実際には、リスクを許容することは成功する投資の対極にある。リスクを恐れない者は、その見返り（リスク・プレミアム）を求めることなしにリスクを受け入れる。そして、必要とされないプレミアムはやがて消えていく。これは単純で避けようのない構図だ。不安知らずでリスクに寛容な投資家は、ＰＥＲの高い株式や、ＥＢＩＴＤＡ倍率（企業価値 ÷ 支払利息・法人税・減価償却費控除前利益）の高い非公開企業株を買ったり、イールド・スプレッド（長期債利回り－株式益利回り）が小さいのに債券投資に乗り出したり、「還元利回り」（不動産が生み出す純営業利益÷価格）がきわめて小さい不動産に投資したりするのである。

リスクはないという考え方が浸透することほど、リスクの高い状況はまずない。投資家が適度にリスクを回避する姿勢をとっているときでなければ、期待リターンに適正なリスク・プレミアムが織り込まれることはないからだ。これから先、①投資家がリスクを恐れ、リスク・プレミアムを求めるべきであることを肝に銘じ、②我々も、投資家がそれを忘れていないかどうか、警戒しつづけていけるとよいのだが……。

二〇〇九年七月八日付　顧客向けレター「虚偽と狂気はもうたくさん」より

したがって、リスクが生じる主因の一つは、「リスクが低い」、場合によっては「リスクがまったくなくなってしまった」という思い込みである。こうした思い込みが価格を押し上げ、期待リターンが低い状況であるにもかかわらず、投資家をリスクの高い行動へと駆り立てるのだ。

二〇〇五～二〇〇七年には、「リスクがなくなった」という思い込みが価格をバブルの水準まで押し上げ、のちに高リスクだったと判明する行動を投資家に起こさせた。これは投資活動全般において特に危険なプロセスであり、何度も繰り返される傾向が非常に強い。

過去数年間に語られてきた数多くの神話のうち、特に魅惑的（そして危険）だったのは、世界的にリスクが低下しているというものだ。具体的には以下のような話である。

●中央銀行による巧妙な経済運営で、景気変動リスクが小さくなった

●グローバル化で、リスクがある地域に集中せずに、世界全体に分散するようになった

●証券化とシンジケート化で、リスクが一握りの市場参加者に集中せずに、多くの市場参加者に分散するようになった

●リスクは、それぞれのレベルに対応する負担能力を持った投資家へと「切り分けられた」

●金利水準と融資条件が以前よりも借り手にとってかなり都合の良いものとなったため、レバレッジを利かせることによるリスクが低下した

●買収対象の企業のファンダメンタルズが以前よりも良好であるため、レバレッジド・バイアウト（LBO、対象企業の資産などを担保に借り入れた資金で行う企業買収）の安全性が高まった

●リスクは、ロングショート戦略（買い持ちと売り持ちを組み合わせる戦略）や絶対リターン投資手法、リスク・ヘッジ目的で開発された金融派生商品（デリバティブ）を通じて、ヘッジすることができる

●コンピュータ、数学的手法、モデル開発の進化により、金融市場に対する理解が深まり、リスクが低下した

ペンション&インベストメンツ誌の二〇〇七年八月二〇日号の記事に、うまいたとえ話があった。「ジル・フレッズトンは全国的に名の通った雪崩研究の専門家だ。(中略)フレッズトンは、『安全装備を充実させると、登山者がより高いリスクを冒し、かえって安全性が低下する』という一種のモラルハザード・リスクのことを知っている」。カネ儲けの機会と同じく、市場に存在するリスクの度合いは、証券や戦略や金融機関ではなく、市場参加者の態度に由来する。市場の構造にいかなる要素が組み込まれていようとも、投資家が慎重に振る舞わないかぎり、リスクは低くならない。

結論を言うと、前述のようなリスク・コントロールに関する神話が実証されることはまずない。リスクは排除できない。存在する場所が変わったり、拡散したりするだけだ。そして、世界的にリスクが低下したように思えることがあっても、それは錯覚にすぎない。むしろ、バラ色の未来を期待することで、リスクはさらに高まる傾向がある。これは、二〇〇七年に得た重要な教訓の一つである。

二〇〇七年九月一〇日付　顧客向けレター「そして、すべては悪い方向へ?」より

「リスクはなくなった」という神話は、特に危険なリスクの根源であり、あらゆるバブルの主因である。相場の振り子が上昇の極限に達するとき、リスクが低く、渦中の資産への投資が確実に利益を生み出すという思い込みから人々は夢心地になる。警戒心や懸念や損失への恐れを忘れる一方で、儲ける機会を逸失するリスクばかりを気にするようになるのだ。

近年の危機は、主に投資家が目新しくて複雑で危険なものに、かつてない規模の資金を投じたことによって起きた。投資家は過度にレバレッジを利かせ、流動性の低い資産に過度に投資した。どうしてこのような行動に出たのだろうか。すべては、投資家が強気になりすぎ、警戒することをほとんど忘れ、高すぎるリスクをとったために起きたのだ。ひとことで表すと、自分たちが低リスクの世界に生きていると思い込んだのである。

懸念や不信感、懐疑主義、リスク回避などは、安全な金融システムに必須の要素である。懸念があれば、危険な融資が提供されることはなく、企業が返済能力を超えた借り入れを行うこともない。過度に集中したポートフォリオが組まれることも、実績のない目新しい商品が熱狂的な人気を集めることもない。本来持っているべき懸念とリスク回避の姿勢を維持していれば、投資家は疑問を抱き、吟味し、慎重に振る舞うだろう。リスクの高い投資は行われない、あるいは期待リターン面での見返り、つまり適正なリスク・プレミアムが約束された場合のみ、行われるはずだ。

しかし、市場が適正なリスク・プレミアムを提供するのは、投資家が十分にリスク回避的であるときに限られる。懸念が薄ければ、リスクの高い借り手や問題含みの商品にも簡単に資金が回り、金融システムは不安定化する。だぶついた資金は高リスク商品や新しい商品に流れ込んで資産価格を高く押し上げる一方、期待リターンと安全性を押し下げるのである。

言うまでもなく、こうした状態が数カ月、数年と続き、金融危機に発展するまで、ほとんどの市場参加者は本来抱くべき懸念を持たずにいたのだ。

二〇〇九年一一月一〇日付　顧客向けレター「試金石」より

〜　〜　〜

投資リスクは主として高すぎる価格によって生まれ、高すぎる価格は多くの場合、楽観主義が行き過ぎ、懐疑主義とリスク回避が鳴りをひそめることによって生じる。そのほかに、安全性が高い資産の期待リターンが低い、リスクの高い資産がこのところ好パフォーマンスを演じている、資金が大量に流入している、融資基準が緩いといった状況も、価格の高騰を後押しする要因となりうる。これらの要因がどのような影響を及ぼすのかを理解することが、投資のカギとなる。

投資の思考プロセスは、それぞれの投資が次の投資の条件を決めるという形で連鎖する。私は二〇〇四年の顧客向けレターで、この点を以下のように説明した。

ここでは、この思考プロセスが現実世界でどのように働くのかを説明するために、三〇日物米国債の金利が四％という、数年前の「典型的な」市場を例に用いる。この状況で投資家はこう考える。「五年物米国債に投資するなら五％、一〇年物なら六％の金利が必要だ」。投資家は、満期の長い国債について高めの利回りを求める。満期までの時間が長くなることで、購買力が低下するリスクが高まると懸念するからだ。したがって、イールドカーブ（事実上、資本市場線の一部となる）は通常、資産の年限が長くなるのにともない、右肩上がりの線を描く。

さてここで、信用リスクという要素を考慮しよう。投資家はこう考える。「一〇年物米国債の金利が六％なら、シングルA格の一〇年物社債は、七％以上の金利が確実でなければ買わない」。こうして生まれるのが信用スプレッドという概念だ。この投資家は、米国債から社債に乗り換えるのに、一〇〇bp（ベーシス・ポイント）の金利上乗せが必要と考えている。投資家全体のコンセンサスが同様であれば、これが信用スプレッドとなる。

投資適格ではない債券の場合はどうなのか。「満期が同じ米国債よりも金利が六〇〇bp高くなければ、ハイイールド（ジャンク）債には手を出さない」。したがって、買い手をひきつけるために、ハイイールド債は米国債を六％ポイント上回る一二％の金利を提供しなければならない。

確定利付債以外の商品に視点を移すと、話はもっとややこしくなる。株式などの場合、期待リターンを知ることはできないからだ（それは、簡単に言うとリターンが確定されておらず、推測することしかできないからだ）。ただし、投資家はそのあたりの感覚を持っている。「スタンダード&プアーズ（S&P）指数銘柄は過去平均で一〇％のリターンを記録しているから、この水準が維持できそうなときだけ買おう。もっとリスクが高い株の場合は、より高いリターンが必要だ。ナスダック銘柄は一三％のリターンが見込めるときでなければ、買わないでおこう」

ここから、よりリスクの高い商品の話へと進む。「株式で一〇％のリターンが見込めるのなら、非流動性の問題や先行き不透明感がつきまとう不動産に投資するには一五％のリターンが必

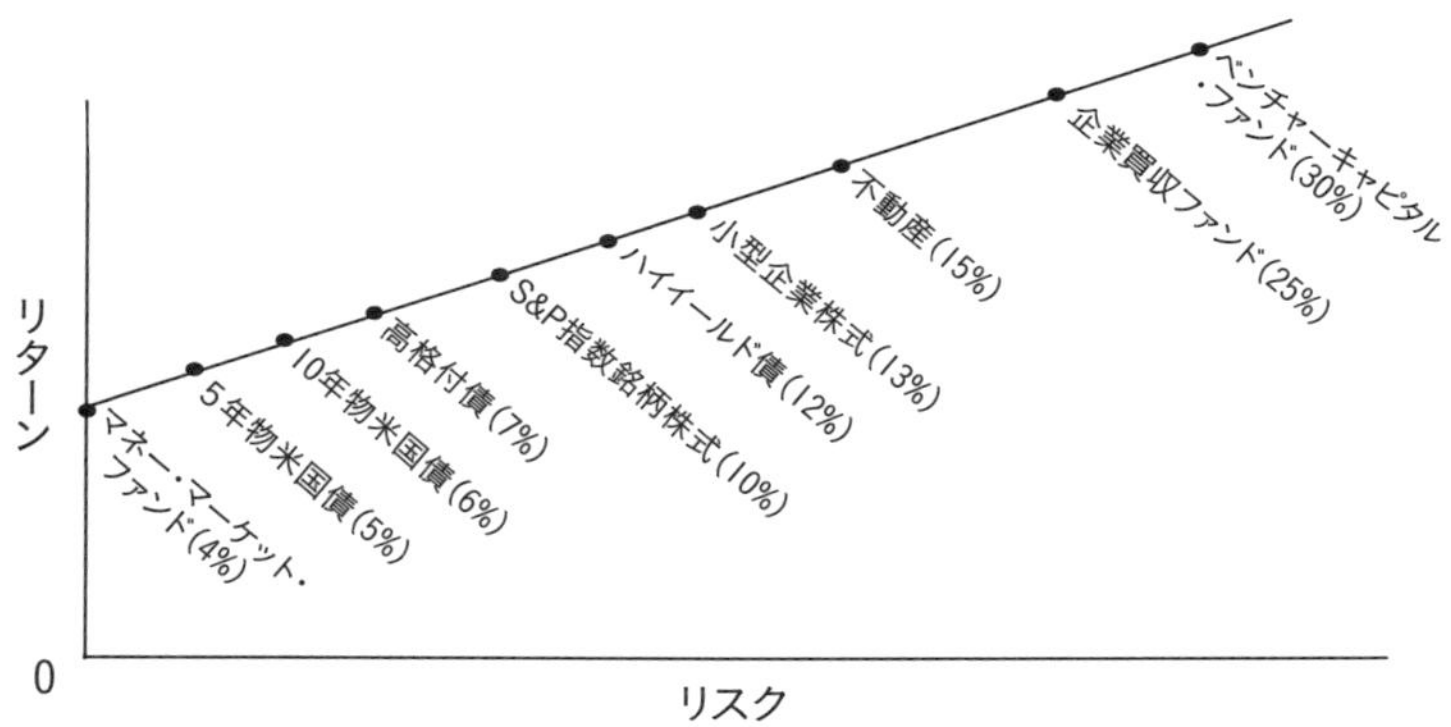

図表6－1

要だ。企業買収ファンドなら二五％、成功率が低いベンチャーキャピタル・ファンドなら三〇％のリターンが見込めなければ手は出せない」

　理論上、投資家の期待はこのように変化するのであり、実際の市場でも、おおむね同じ状況になると思う（ただし、期待する要件はつねに同じわけではない）。この結果、図表6－1のように、我々の多くにとってなじみ深い資本市場線が出来上がるのだ。

　今日の投資リターンにおいて大きな問題となっているのは、このプロセスの出発点である無リスク資産の金利が四％ではなく、一％に近い水準であることだ。

　典型的な投資家は、時間経過リスクを受け入れる見返りとして、より高いリターンを求めるが、出発点が一％強という現状では、四％は一〇年物米国債（本来なら六％）を買うのに妥当な金利水準である。同様に、投資家が買う価値があるとみなすリターンの水準は株式なら六～七％、ハイイールド債ならおそらく七％、不動産なら八％程度とな

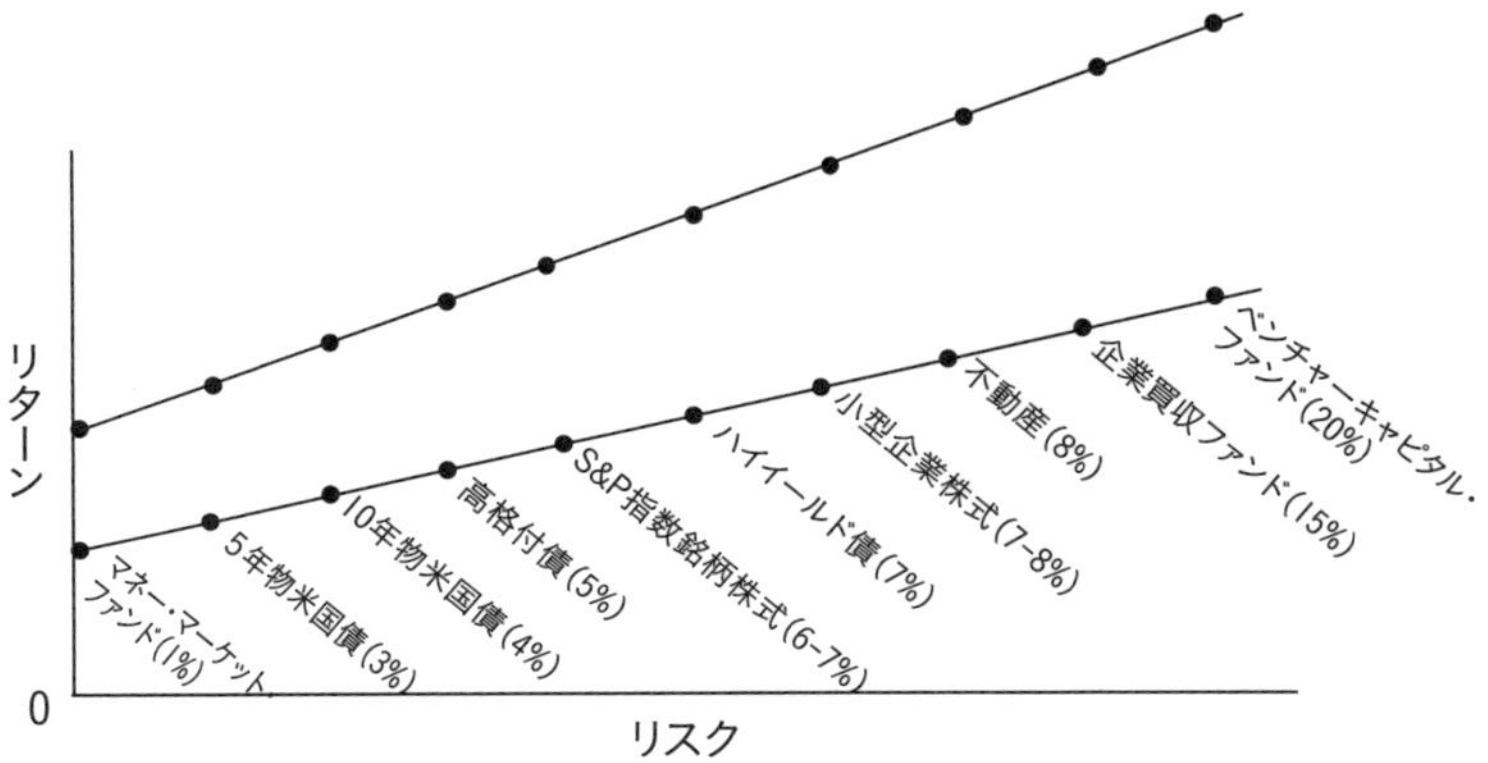

図表6－2

る。企業買収ファンドの場合、一五％のリターンが確実に得られそうであれば、魅力があることになる。したがって、資本市場線は図表6－2が示すように①かなり低い位置で、②非常に平坦な形状となる。

線全体の低さは、無リスク資産金利をはじめとして金利全般が低水準にあることを示している。通常なら、アセットクラスの間で資本の奪い合いが起き、リスクが高くなるにつれてリターンも高くなるはずだが、今年の場合、低金利のせいで、どのアセットクラスのリターンも私がこの世界に入って以来、最も低い水準に位置している。

現在の資本市場線は、全体的に低い位置にあるだけでなく、さまざまな要因の影響で平坦化している（資本市場線の傾き、つまり単位当たりのリスクの増大でリターンがどれだけ増えるかがリスク・プレミアムを示すため、これは重要である）。第一に、投資家は低リスク・低リターンの投資を避けようとしゃかりきになっている。第二に、リスクの高い投資は過去二〇年以上にわたって高いリターンを生み出してきており、昨年（二〇〇三年）は特にそれが顕著だった。したがって、このような特殊な状況において、おそらく投資家はリスクの高い投資をより魅力的に感じており（あるいは、あまり敬遠しなくなっており）、その結果、リスク・プレミアムが小さくなっている。第三に、今日の投資家はリスクがきわめて限定的だと考えている。

「クオンツ」の言葉を使って結論を述べると、リスク回避姿勢が弱まっている。どうやら投資家心理に独特の変化が表れ、「どんな価格でも手を出さない」という思いが「手堅い投資に見える」へとすり変わってしまったのだ。

二〇〇四年一〇月二七日付　顧客向けレター「今日のリスクとリターン」より

このように価格上昇を引き起こすプロセスは、やがて行き過ぎたPER、信用スプレッドの縮小、節度を欠く投資家行動、レバレッジの乱用、すべてのアセットクラスにおける旺盛な投資需要をもたらす。これらはいっそうの価格上昇と期待リターンの低下を招くだけでなく、高リスクの環境を生み出す要因となる。

リスクは投資家にとって非常に重要なものだが、刹那的で計量できない。したがって、リスクを認識することはきわめて難しい。感情が高ぶっているときなら、なおさらである。しかし、リスクの認識は必要不可欠だ。私は二〇〇七年七月の顧客向けレターにおいて、オークツリー流の考え方で当時の投資環境と「リスク・ムード」を分析、評価した。今後、このときとまったく同じ状況が生じるわけではないだろうが、リスク認識のための思考プロセスの一例として、参考になればよいと思う。

我々は今（二〇〇七年半ば）、サイクルのどの段階にいるのか。私の考えでは、答えははっきりしている。現在、懐疑主義、恐怖、リスク回避の姿勢は目立たず、ほとんどの人がリスクの高い投資を進んで行っている。伝統的で安全性の高い投資では雀の涙ほどのリターンしか得られそうにない、というのが主な理由である。安全な投資に対する関心の低さと、リスクの高い投資の許容で、リスク・リターン図の傾きがかなり平坦になっているにもかかわらず、このような状況が生じているのだ。リスク・プレミアムは全般的に、私が知るかぎり最低の水準にあるが、追加的なリスクを拒む投資家はほとんどいない。

プラス材料で上昇し、マイナス材料が生じてもすぐに回復する、というのが最近の市場で見られる傾向だ。投資家が手を引きたがっているアセットクラスはほとんどなく、投売りする者もまずいない。むしろ、ほとんどのアセットクラスで強い引き合いがある。したがって、主だった市場の中で、私の目で見て価格が過小評価されている、あるいは人気がないと言える分野はない。

これがありのままの現状だ。私たちは楽観的な時代の只中にいる。サイクルは強い勢いで上方へ向かっている。価格は高騰し、リスク・プレミアムはきわめて小さくなっている。信頼感が懐疑主義に、熱意が及び腰に取って代わっている。こうした風潮に乗るかどうか、それが重要な問題だ。その答えしだいで、どのような投資を行うべきかが見えてくる。

今年の第1四半期には、サブプライム住宅ローン担保証券（MBS）の債務不履行《デフォルト》が多発した。直接的な関わりを持つ者は巨額の損失を出し、傍観者は経済の他分野やほかの市場に悪影響が及ぶことを懸念した。第2四半期には、サブプライムMBSを再証券化した債務担保証券（CDO、資産担保証券をさらに切り売りするために再証券化した仕組み商品）や、CDOに投資したヘッジファンド（投資銀行ベアー・スターンズの傘下ファンド二つを含む）に打撃が及んだ。資産を現金化する必要に迫られた者は（厳しい時期にはいつもそうであるように）、売りたいものではなく、また問題の元凶となったサブプライム関連の資産に限らず、とにかく売れるものを処分するはめになった。資本市場崩壊の火種になりがちな格下げ、証拠金の追加預け入れ請求（マージンコール）、叩き売りなどに関するニュースも増えはじめた。過去数週間には、低格付債の新規発行案件で価格修正、延期、中止などの措置がとられる、つなぎ融資の借り換えができなくなる、といった状況の中で、投資家が及び腰になる様子が見られるようになった。

過去四年半は、投資家にとって何の憂いもない繁栄の時代だった。だがそれはずっと続くとは限らない。いつものように、ウォーレン・バフェットの言葉で締めくくろう。「潮が引いて初めて、誰が丸裸で泳いでいたのかがわかる」。楽観主義者は「潮は二度と満ちない」と肝に銘じるべきだ。

二〇〇七年七月一六日付　顧客向けレター「すべて順調」より

この二〇〇七年七月のレターにおけるコメントや、その他の機会に私が発してきた警告が、予言の類ではないことをここで強調しておきたい。危機にいたるまでの数年間に知る必要があったことは、いま現在、何が起きているかを意識していれば、すべて認識できたはずなのだ。

リスクの実態は、認識されているよりもはるかに複雑怪奇だ。人はリスクを認識する自身の能力を著しく過大評価する一方、リスクを避けるためになすべきことをひどく過小評価する。このため、知らず知らずのうちにリスクを許容しており、それがさらにリスクを生み出す要因となる。だからこそ、一般的ではない二次的思考でリスクの問題に取り組むことが必要不可欠なのだ。

リスクは、投資家の行動が市場に変化を起こすときに生じる。投資家の買いが集中すると、もっと先々に起きていたであろう資産の価格上昇に拍車がかかり、期待リターンが低下する。そして、強気で大胆になり、あまり懸念を抱かなくなるにつれて、投資家は適正なリスク・プレミアムを要求しなくなる。追加的なリスクを負うことで得る見返りが、リスクをとりに動く人が増えるほど小さくなっていくというのは、このうえない皮肉である。

したがって、投資家が活動する市場は揺るがない土俵ではない。市場は反応するもので、投資家自身の振る舞いによって姿を変える。投資家が強気になるほど、懸念すべき材料は増える。反対に、投資家が不安を募らせ、リスク回避の姿勢を強めれば、リスク・プレミアムが拡大するとともにリスクは低下する。私はこれを「リスクのあまのじゃく現象」と呼んでいる。

「リスクが高すぎるとみなが言うものは、どんな価格であろうと買わない」。私がこの世界に入ってから、幾度となく聞いた言葉である。この言葉が、これまで摑みとってきた最良の投資機会を私にもたらしてくれた。

実際、人々はリスクに関して、リターンの場合と同じぐらい過ちを犯す。「手を出すには危険すぎる」というコンセンサスが幅広く形成されているとき、そのほとんどはまちがいである。たいていの場合、真実はまったく逆なのだ。

投資リスクは、最もリスクがないと思われているところで最も高くなっている、と私は確信している。逆もまたしかりだ。

●誰もが高リスクと考えている資産の価格はたいてい、不人気のせいでまったく危険ではない水準まで低下する。否定的な見方が広がれば、それは最もリスクの低い資産になりうる。価格に楽観的な材料が何ひとつ織り込まれていないからだ。

●そして、七〇年代の「ニフティ・フィフティ」投資家の前例が示すように、誰もがリスクがないと信じている資産の価格はだいたい、きわめて危険な水準までつり上げられる。投資家がリスクを恐れていなければ、リスクをとることへの見返り、つまり「リスク・プレミアム」が求められたり、提供されたりすることはない。したがって、これは最もリスクの高い資産となる可能性がある。

こうしたパラドックスが生じるのは、ほとんどの投資家が価格ではなく資産の質を、リスクの大きさを判断する材料としているからだ。だが、質の高い資産が高リスクに、そして質の低い資産が安全になることはありうるのだ。問題はどんな価格で買うかだ。誰もが飛びつくような意見は、リターンが低くなる可能性だけでなく、リスクが高くなる可能性をも生み出すのである。

二〇〇七年四月二六日付　顧客向けレター「誰もが知っている」より

7 リスクをコントロールする

要するに投資家の仕事とは、利益を得るために、きちんと理解したうえでリスクをとることだ。これがうまくできるかどうかが、すぐれた投資家とそれ以外とを分け隔てる。

私の考えでは、すぐれた投資家はリターンを生み出す能力と少なくとも同じぐらい、リスクをコントロールする能力を持っているという点で卓越している。

リスク調整後ですばらしいパフォーマンスを演じるよりも、高い絶対リターンを記録するほうが、見た目にもわかりやすく、刺激的である。高い絶対リターンをあげた投資家の顔写真が新聞に載るのもそのためだ。一方、リスクとリスク調整後のパフォーマンスを数値化することは（事後でさえ）難しく、リスク管理の必要性も一般的に軽んじられているため、リスク調整後で高いパフォーマンスをあげた投資家が注目を浴びることはほとんどない。相場が良い時期には特にそうだ。

しかし、獲得するリターンに相応する水準よりも低いリスクをとる者こそ、すぐれた投資家だと私は考える。つまり、低いリスクをとってほどほどのリターンをあげたり、ほどほどのリスクをとって高いリターンをあげたりする者だ。高いリスクをとって高いリターンを達成しても、ほとんど意味はない。何年にもわたって実現できるのであれば別だが、その場合、「高リスク」と認識されていても実際にはリスクがそれほど高くなかったり、高度な管理を必要とするものではなかったりするのだ。

投資の達人として知られるウォーレン・バフェット、ピーター・リンチ、ビル・ミラー、ジュリアン・ロバートソンらについて考えてみよう。みな高いリターンをあげているだけでなく、巨額の損失を出すことなく何十年も安定した成績を記録しているという点で卓越している。それぞれ一～二年ほどの低迷期はあったかもしれないが、リターンの獲得だけでなく、リスクのコントロールにおいても、概してすぐれた手腕を発揮してきたのだ。

すぐれたリスク・コントロールを称える賞があったとしても、相場の良い時期に贈呈されることは絶対にない。リスクは影に潜んでいて、目に見えないからだ。リスク、つまり損失の可能性は識別できるものではない。識別可能なのは損失であり、損失が生じるのは通常、リスクと良くない出来事が重なったときだけである。

これは非常に重要なポイントであるため、はっきりと理解できるように、ここでいくつかたとえ話を使って説明したい。細菌は病気の原因となるが、細菌そのものは病気ではない。病気は細菌が体にとりついた結果、起きると言える。また、カリフォルニア州の住宅に震災時の倒壊を招く建設上の欠陥があるかどうかは、実際に地震が起きてみなければわからない。

同様に、損失はリスクと良くない出来事とが重なって生まれる。リスクとは、物事が悪い方向に行った場合に損失が出る可能性である。物事がうまくいっているかぎり、損失は生じない。損失は、同じ環境下でも良くない出来事が起きたときにだけ生じるのだ。

良い環境が整っていたとしても、それはその日（あるいはその年）、現実となる可能性のあった環境の一つにすぎない、ということを忘れてはならない（16章で詳述するナシーム・ニコラス・タレブの「違った歴史」という概念だ）。環境が悪くないという事実は、悪い環境が生じえなかったことを示すものではない。つまり、環境が悪くないという事実は、結果的に不必要だったと言える場合でも、リスクをコントロールする必要がなかったことを意味するわけではない。

ここで重要なのは、損失が生じなかった場合でもリスクが存在していた可能性を認識することだ。したがって、損失が生じなかったポートフォリオも、必ずしも安全に構成されていたとは限らない。また、相場が良い時期にもリスクがコントロールされている可能性はあるが、それが試される状況にならないため、識別されることはない。だから、リスク・コントロールが称えられることはないのだ。有能で高度な鑑識眼を持った者だけが、良い時期のポートフォリオを見て、低リスクなのか、高リスクなのかを見極められるのである。

相場の悪い時期を切り抜けられるポートフォリオにするためには、リスクをうまくコントロールする必要がある。一方、相場が良い時期に好パフォーマンスをあげているポートフォリオの場合、①リ

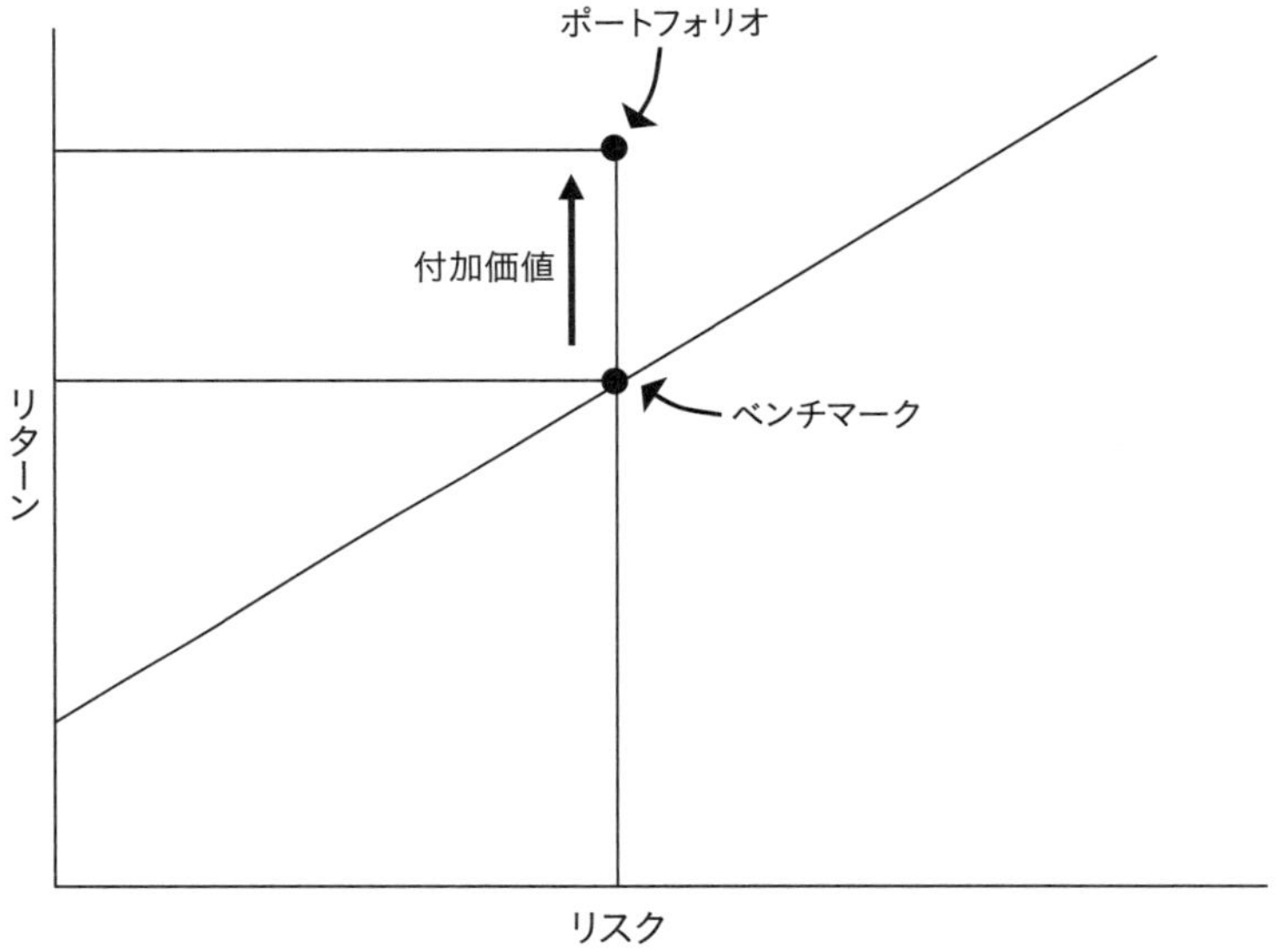

図表７－１

スクをコントロールする態勢はあったが、必要な状況になっていない、②リスクをコントロールする態勢は整っていない、のどちらであるのかは見分けられない。結論を言うと、良い時期には、目に見えなくてもリスクをコントロールすることがやはり不可欠である。相場というものは急転直下する可能性があるからだ。

〜　〜　〜

良い運用の定義とは何だろうか。

ほとんどの市場観測者は、非効率的な市場のメリットが、たとえばあるマネジャーがベンチマークと同水準のリスクをとって、それよりも高い収益率を達成できる、といった点にあると考えている。図表７－１はこうした考え

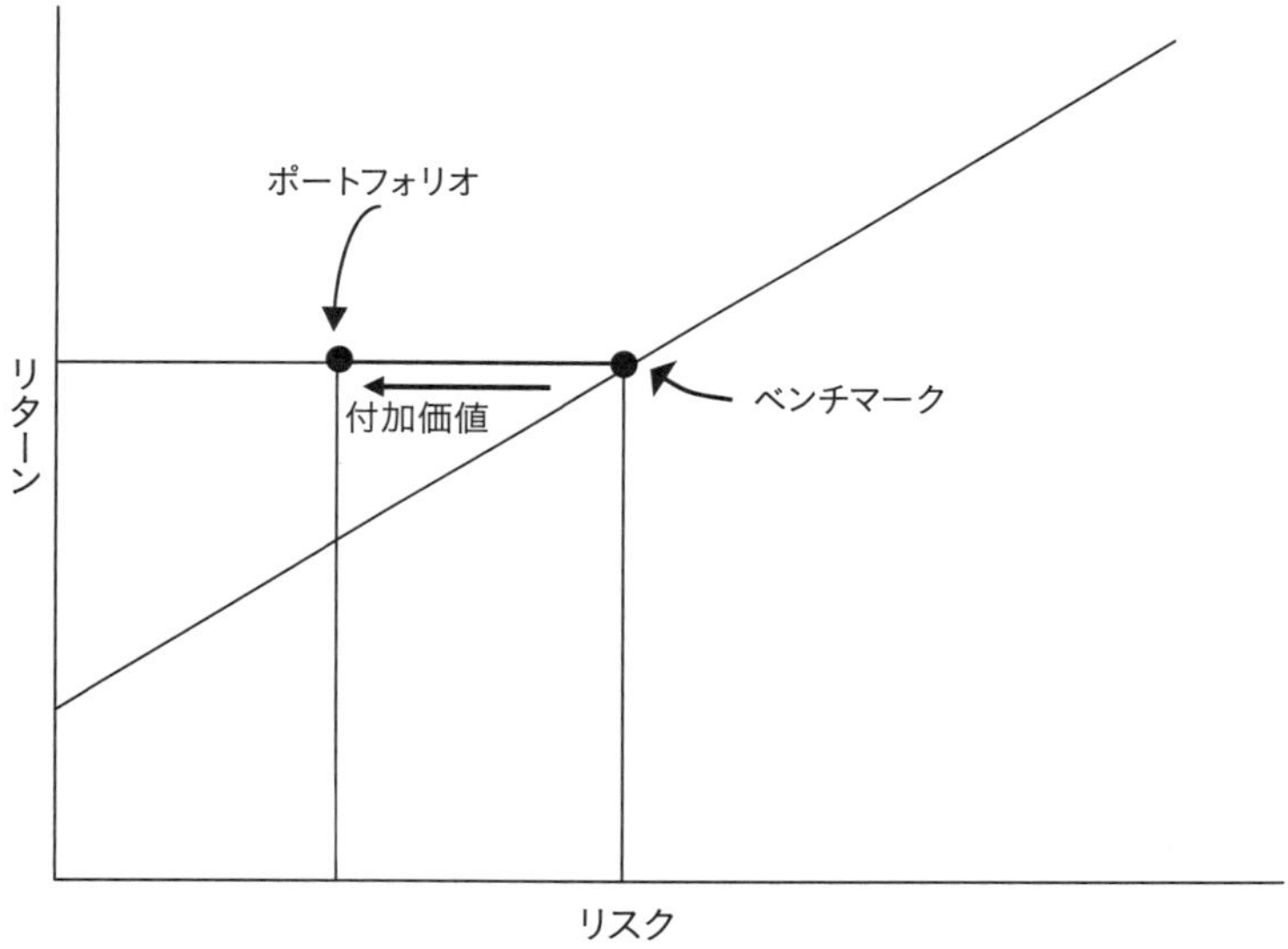

図表7-2

方を表したもので、マネジャー自身のスキルが生み出す付加価値、つまり「アルファ」を示している。

このマネジャーは確かに良い仕事をしている。しかし、これは非効率的な市場のメリットの半分（それも私に言わせればおもしろみに欠けるほう）にすぎない。非効率的な市場では、有能な投資家がベンチマークよりも低いリスクをとってベンチマークと同水準のリターンを達成することも可能だ。私は、こちらこそがすぐれた運用だと思う（図表7－2）。

これは、一定のリスクをとって高いリターンをあげるのではなく、低めのリスクをとって一定のリターンをあげるという形でのマネジャーの付加価値を示している。こちらも良い仕事であり、よりすぐれていると言えるのではないだろうか。

意味のとらえ方や図の見方によって、印象は違うかもしれない。だが私は、ファンダメンタルズ・リスクを減らすことで、非常にすばらしい投資の土台を築けると思うため、こうした考え方はもっと注目を集めてしかるべきだと思う。上げ相場で最大限のリターンをあげながら、下げ相場においてもすぐれたパフォーマンスを達成する態勢を整えるにはどうすればよいか。市場平均を下回るリスクをとりながら、平均を超えるリターンをあげる。それこそが巧みな運用だ。

二〇〇六年六月一三日付　顧客向けレター「リターンと絶対リターンとリスク」より

さてここで、まだ体にとりついていない細菌、あるいはまだ起きていない地震の話に戻ろう。世の中には、欠陥を防ぐことのできる優良な建設業者がいる一方、欠陥住宅を建てる劣悪な業者もいる。だが地震が起きなければ、その違いに気づくことはない。

同様に、卓越した投資家というのは、他の投資家よりも高いリターンを記録する者ではなく、他の投資家よりも低いリスクをとって同じリターンを達成する（あるいは、はるかに低いリスクをとって、やや低いリターンを達成する）者ではないだろうか。もちろん、相場が安定あるいは上昇しているときには、ポートフォリオに付随するリスクの大きさはわからない。潮が引かなければ、泳いでいる者のうち、誰が水着を着ていて、誰が丸裸なのかはわからない、とウォーレン・バフェットが言うのはそういう意味だ。

他の投資家よりも低いリスクをとって同じリターンを達成するのは、すばらしい偉業である。だが、ほとんどの場合、そうした偉業は陰に隠れていて人目につかず、高度な鑑識眼を持つ者にしか評価されない。

通常、相場の良い時期のほうが悪い時期よりも長いため、そして、少ない損失という形でリスク・コントロールの真価が明らかになるのは悪い時期であるため、リスク・コントロールのコスト（失ったリターン）は大きすぎるように見える可能性がある。相場が良い時期、リスク意識の高い投資家は、「たとえ必要がなくてもポートフォリオのリスクをコントロールしていることで得をしている」と思うだけで、満足しなければならない。それはまるで、たとえ火事が起きなくても、保険に入っていることで守られているという安心感を抱く、用心深い住宅所有者のようだ。

ポートフォリオにおけるリスク・コントロールは、非常に重要で、行う値打ちのあることだ。ただし、その成果は実現しなかった損失という目に見えないものでしかない。平時において、こうした「もしも」の場合の算段をするのは難しい。

知らず知らずのうちにリスクをとることは、大きな過ちとなりうる。だがそれは、「悪いことは何も起きるはずがない」という風潮がある時期に、評価が高い人気の証券を買う投資家が繰り返し行っていることである。一方、利益を得るために、認識済みのリスクをよく理解したうえで受け入れることは、非常に賢明でリターンの高い投資につながる。たとえ、ほとんどの投資家が危険な投機だと見て、そうした投資を避けていてもだ（あるいは、ほとんどの投資家が避けるからこそ、かもしれない）。

要するに投資家の仕事とは、利益を得るために、きちんと理解したうえでリスクをとることだ。これがうまくできるかどうかが、すぐれた投資家とそれ以外とを分け隔てる。

では、利益を得るために、よく理解したうえでリスクをとるとはどういうことか。生命保険を例に考えてみよう。人は誰でもいつか必ず死ぬ。米国企業の中でも特に保守的な保険会社は、そのことを知っていながら、なぜ人の生命に保険をかけることができるのだろうか。

●人の死は、保険会社が認識しているリスクである。誰もがいつか死ぬと認識しているからこそ、保険会社はこの現実を織り込んだ事業方針を打ち出せる。
●人の死は、分析できるリスクである。だから保険会社は医師を使い、保険契約申込者の健康状態を評価する。
●人の死は、分散化できるリスクである。保険会社は年齢、性別、職業、住所がさまざまに異なる保険契約者で構成されるポートフォリオを作ることで、事故や災害などの異常事態の影響を大きく受けたり、広範囲に及ぶ損失を出したりしないよう努めている。
●そして人の死は、十分な見返りが得られると確信できるリスクである。保険会社は、保険契約者が平均として保険数理表に沿った形で死亡した場合に、利益があげられるよう保険料を設定している。そして、保険市場が非効率的であれば（たとえば、八〇歳で死亡する公算が大きい人に、七〇歳で死亡することを前提に保険料を設定した保険が売れる場合)、リスクへの備えは厚くなり、前提どおりの展開になったときに追加的な利益も得られるのだ。

オークツリーでは、ハイイールド債をはじめとするすべての分野の投資戦略で、まったく同じ方針を採用している。我々はリスクを意識するよう心がけている。短絡的に「危険」と言われる類の資産をよく扱う点を考慮すれば、必要不可欠なことだ。我々は投資を分析し、リスクを評価する高度な能力を持った専門家を雇い、ポートフォリオを適度に分散化している。そして、実際に投資するのは、リスクへの見返りをはるかに上回るリターンが期待できると確信した場合に限っている。

私は過去何年にもわたって、リスクの高い資産も十分に安い価格で買えば、良い投資パフォーマンスを実現できると説いてきた。重要なのは、そのタイミングがいつなのか知ることだ。そう、利益を得るために、よく理解したうえでリスクをとることは、長期にわたって成功の実績を積み重ねていくのに最適な試練なのである。

二〇〇六年一月一九日付　顧客向けレター「リスク」より

リスク・コントロールは必要不可欠だが、リスクをとること自体は賢明とか、無分別とか言えるものではない。ほとんどの投資戦略やアセットクラスにおいて、リスクはとらずには済まされない。リスクはうまくコントロールできる場合もあれば、できない場合もあり、また絶妙のタイミングでコントロールできる場合もあれば、タイミングを誤る場合もある。もし、リスクをうまくコントロールして、よりリスクが高いとされる分野に投資先を広げるスキルがあるのなら、それが最良の選択肢と言える。だが、現実には数多くの落とし穴が待ち受けているかもしれず、それらを避けなければならない。

慎重にリスクをコントロールする者は、自分が未来について知らないということをわきまえている。そうした者でも、思わしくない結果になる可能性があることは知っていても、それがどれほど悪い状況になりうるのか、また厳密にどんな確率でそうなるのかはわかっていない。したがって、「どれほど悪くなりうるのか」を予測できず、そのせいで誤った決断を下すことが、主な落とし穴となる。

極端にボラティリティが高まったり、巨額の損失が発生したりすることは、まれにしか起きない。こうした事態が生じない時期が続くと、そのようなことは二度と起きないのではないか、リスクに関する仮定が保守的すぎるのではないか、という風潮がどんどん強まってくる。すると、人は制限を緩めてレバレッジを高める誘惑に駆られるようになり、多くの場合、リスクが顕在化する一歩手前で行動を起こしてしまうのだ。ナシーム・ニコラス・タレブは『まぐれ』で、この点を以下のように説明している。

〃現実はロシアン・ルーレットよりもはるかに厄介だ。第一に、命取りとなる銃弾に当たる確率はかなり低い。回転式拳銃《リボルバー》に、六個どころか何百個、何千個もの弾丸が入る弾倉がついているようなものだ。何十回か引き金を引くうちに、人は一個だけ装填された弾丸のことを忘れ、神経が麻痺して安全だという錯覚に陥る。……第二に、ルールがきわめて明確で、六を使った掛け算や割り算ができる者ならリスクを見極められるゲームのロシアン・ルーレットと違い、現実というロシアン・ルーレットでは銃身が目に見えない。……だから人は、知らず知らずのうちにロシアン・ルーレットに参加し、「リスクが低そうな」ほかの名前でそれを呼んでしまう可能性があるのだ〃

二〇〇四年から二〇〇七年にかけて、金融機関は低リスクだと思い込み、リスクの高いゲームに興じた。損失とボラティリティに関する前提が甘すぎたことが、すべての原因だ。もし金融機関が「この投資は高リスクなのではないか。住宅価格はすでに大幅に上昇しているし、住宅ローンの与信基準も非常に甘い。住宅価格が全面的に下落するかもしれないから、レバレッジの比率は過去の実績から許容される水準の半分にとどめておこう」と考えていたなら、状況はまったく異なっていただろう。

もっと保守的な前提に基づくべきだったと言うのは簡単だが、どれほど保守的ならよかったのか。最悪の場合の前提に基づいてビジネスを行うことはできない。何もできなくなってしまうからだ。そもそも「最悪の場合の前提」という表現を使うこと自体がまちがっている。保険の世界における全損や分損のような概念はないからだ。今となっては、米国全域で住宅価格が下落するはずはない、というクオンツの想定が正しくなかったのは明らかである。しかし、そのような価格下落が起きうると（初めて）仮定する場合、どんな確率を想定すればよいのだろう。二％か、一〇％か、はたまた五〇％か。

今年（二〇〇八年）になってマスコミは、レバレッジを利かせて資産を購入したせいで、巨額の損失や破綻に見舞われた金融機関や投資家に関するニュースをさかんに報じている。これらの失敗は、ボラティリティが低めの資産にふさわしい水準のレバレッジを利かせていたものの、ボラティリティが前代未聞のレベルに達したために起きたのかもしれない。判断を誤ったと言うのは簡単だが、特異な事象を想定するよう求めることは理にかなっているのだろうか。

すべてのポートフォリオに対して、今年起きたような規模の価格下落に耐えうることを求めれば、レバレッジをまったく使わない運用が行われる可能性もある。だが、それは理にかなった行動だろうか（レバレッジを使わないとしても、誰も投資をしなくなる可能性すらあるわけだが）。

我々は人生のあらゆる局面において、この先、何が起こりそうかという考えに基づいて判断を下している。そしてその考えは、大部分において過去によく起きたことをもとにしている。我々はほとんどの場合、通例（A）に近い結果を予期するが、それよりも良い結果（B）や悪い結果（C）になることも珍しくはないと知っている。また、通常の範囲からはみ出す結果（D）が生じる場合もあると心に留めておくべきなのだが、その可能性については失念しがちだ。さらに重

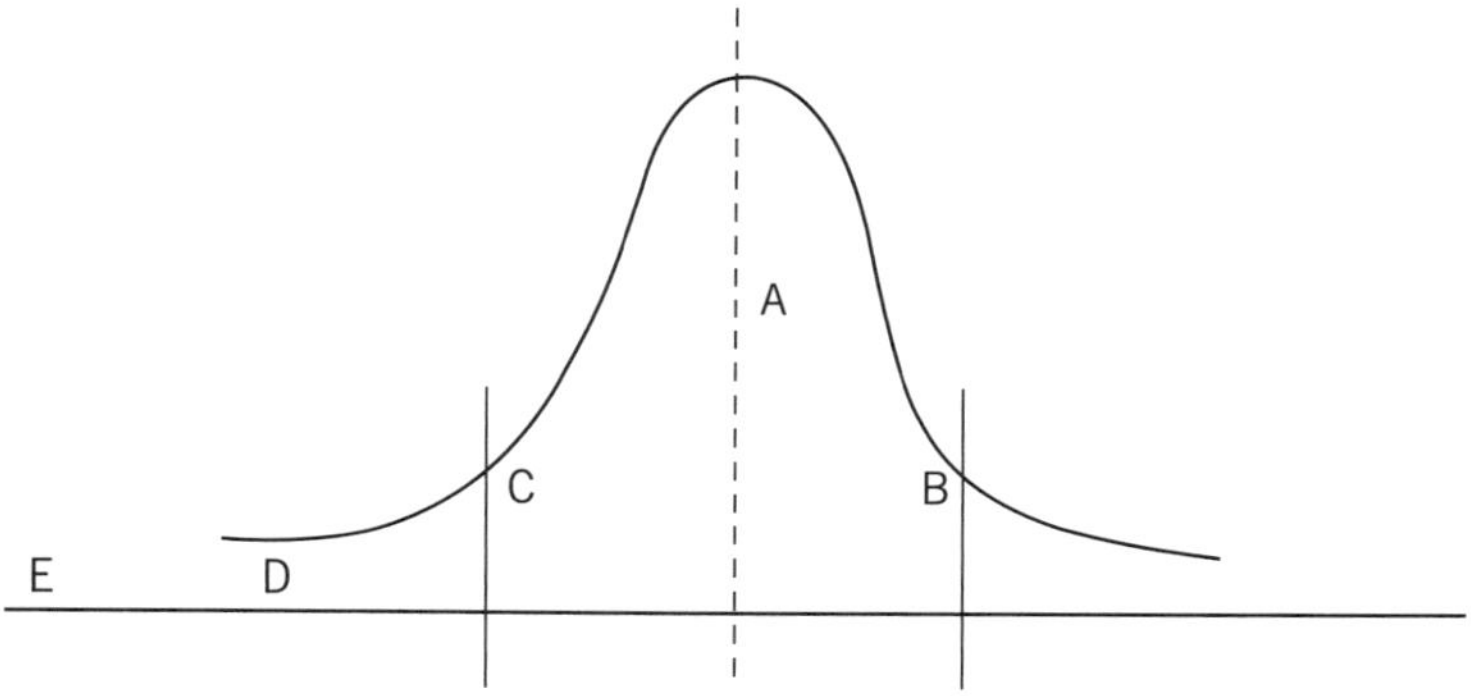

図表7－3

要なのは、近年の出来事のような、一〇〇年に一回あるかないかという結果（E）について、考慮することがほとんどないという点である（図表7－3）。

起こりそうもない異例の出来事が生じる可能性を頭で理解していたとしても、我々は行動するにあたって筋の通った判断を下す。そして、相応する見返りが得られるのであれば、そのリスクを承知のうえで受け入れる。時として「黒い白鳥《ブラック・スワン》」は現実となる。だがこれから先、「今まで経験したよりも悪い結果が生じる可能性があるから、あんなことやこんなことはできない」と言いつづけたら、まったく身動きがとれなくなってしまうだろう。

したがって、ほとんどの場合、人は最悪の事態に備えることはできない。一世代に一度という出来事に備えるのがせいぜいのところだ。しかし、一世代は永遠ではなく、その基準を超える出来事が起きる日がいつか来る。ならば、どうすればよいのだろうか。私はこれまでも、起こりそうにない災厄への備えにどれだけ力を注ぐべきか、考えをめぐらせてきた。二〇〇七～二〇〇八年の出来事は、答えは簡単には見つからないということを何よりも強く物語っている。

二〇〇八年一二月一七日付　顧客向けレター「ボラティリティ＋レバレッジ＝ダイナマイト」より

本章ではリスク・コントロールについて、思いつくままに論じてきたが、ここで特にリスク・コントロールとリスク回避の間に重要な違いがある点を明確にしておきたい。リスク・コントロールは、損失を回避するのに最適な手段である。一方、リスク回避は結果として利益回避にもなる可能性がある。オークツリーは投資リスクを回避したがる、という声をたまに聞くが、大いに反論したい。

もちろん、オークツリーはリスクを避けてはいない。しかるべきときに、しかるべき資産について、しかるべき価格でリスクをとることを喜んで受け入れている。すべてのリスクを避けようとするのなら、それは我々にもあなた方にも容易にできるだろう。だがその場合、無リスク資産を上回るリターンも確実に避けることになる。往年の人気コメディアン、ウィル・ロジャースはこんな名言を残している。「時には危険を冒して枝先に身を乗り出さなければならない。果実はそこになっているのだから」。オークツリーには、たかだか年四％のリターンを得るためにこの業界に入った者などいない。

オークツリーの投資哲学では「リスク・コントロールの重要性」が第一の基本理念となってい

るが、これはリスク回避とはまったく別のことである。

十分な見返りが得られるときにリスク（特に、ほかの者が極度に嫌うリスク）をとることで、我々は顧客に付加価値を提供しようと努めている。そのように策定された我々の投資プロセスにおいて、リスクがどれだけ大きな役割を果たしているのかは明らかだろう。

デロイト&トウシュのリック・ファンストンは、私がこのレターを書くきっかけとなった記事（コーポレート・ボード・メンバー誌二〇〇五年特別号「コーポレート・リスクがパーソナル・リスクに変わるとき」）で、こう述べている。「リスクとその度合いが理解され、適切に管理され、誰の目から見ても透明度が高くなっていると、安心できるようにする必要がある。（中略）これはリスク回避ではない。リスク・インテリジェンス（賢いリスク管理）だ」。これこそ、オークツリーが日々追求しているものである。

二〇〇六年一月一九日付　顧客向けレター「リスク」より

長期的に投資に成功するための道は、やみくもにリスクをとることではなく、リスクをコントロールすることにある。キャリア全体を通して見た場合、ほとんどの投資家の成否は、利益をあげた投資のすばらしさよりも、損を出した投資の数とその損失の規模で決まる。巧みなリスク・コントロールこそが、すぐれた投資家のしるしなのだ。

8 サイクルに注意を向ける

ほとんどすべてのものにはサイクルがある、と肝に銘じることが必要不可欠だと思う。確信を持って言えることはあまりないが、これだけは確かだ。いつだって、振り返れば物事はサイクルに従って動いている。ひたすら一方向に動きつづけるものなどない。空に届くまで伸びる木はない。また、ゼロになって終わるものもほとんどない。そして、今日の出来事を未来に当てはめることへのこだわりほど、投資家の健康を脅かすものはない。

投資の世界にいる時間が長くなるにつれ、私は物事につきまとうサイクルの存在をますます強く感じている。二〇〇一年一一月の顧客向けレターは、このテーマについて徹底的に論じたものだ。タイトルには、生命保険会社マスミューチュアル・ライフ・インシュアランス・カンパニーの広告スローガン「予測は不可能、準備は可能」を拝借した。将来に何が起きるのかは絶対にわからないが、さまざまな可能性に備えて傷を浅くすることはできるという考え方に、我が意を得た思いがしたからだ。

人生と同じく、投資の世界では確実なことなどほとんどない。価値は消失するかもしれず、予測は外れうる。環境は変わる可能性があり、「確実なこと」が崩れる場合もある。それでも、胸を張って信じられる原則が二つある。

●原則その①……ほとんどの物事にはサイクルがあることがやがて判明する

●原則その②……利益や損失を生み出す大きな機会は、周りの者が原則その①を忘れたときに生じることがある

ほとんどの物事は一本調子には進まない。前進もすれば、後退もする。好調だったものが不調に転じたりもする。急速に前進したあと、減速する場合もある。じわじわと悪くなっていたものが、急激に悪化することもある。だがどれも根底にあるのは、物事は上昇と下降、成長と衰退を繰り返すという基本原則だ。経済、市場、企業も例外ではない。必ず浮き沈みがあるのだ。

我々が生きている世界にサイクルが存在する根本的な原因は、人がかかわっていることにある。機械に任せれば、物事は一直線に前進しうる。そして、時間は絶え間なく進む。機械も適切な動力を与えられれば、進みつづけることができる。しかし、歴史や経済学といった分野では、その過程に人がかかわっており、人がかかわれば、結果は変化と浮き沈みに富んだものとなる。それは主に、人が落ち着きのある冷静な生き物ではなく、感情的で一貫性のない生き物だからなのだと思う。

もちろん、定量的な相関関係や世界的な出来事、環境変動、技術発展、企業の意思決定など、客観

的な要因もサイクルにおいて大きな役割を果たす。しかし、これらに心理要因が加わると、投資家は過剰、あるいは過小な反応を示し、これがサイクルの波の大きさを決定づけるのだ。

物事が順調で将来の見通しも明るく、気分がよくなっているとき、人の行動は大きく変化する。出費が増えて貯蓄が減る。娯楽やカネ儲けの機会を増やすために借金をする、という具合にである。そうすることで、懐具合は前より心許なくなるにもかかわらずだ（もちろん、楽観的な時期に「心許ない」などという概念は忘れ去られている）。そして人は現在の価値、言い換えると未来の断片に、進んで高い値段をつけるようになる。

だが、こうした風向きはすべてあっという間に転じてしまう可能性がある。私のお気に入りの風刺一コマ漫画に、「昨日の市場にとって良かった材料はみな、今日の市場の助けにならない」とテレビのコメンテーターが語っているものがある。サイクルの極端な振れは、もっぱら人の感情や欠点、そして客観性と一貫性が欠けていることに起因するのだ。

サイクルには自律調整力があり、必ずしも外生的な事象が反転の原因となるわけではない。（ずっと一方向に進まずに）反転するのは、一方向に進みつづけること自体が反転の理由となるからだ。だからこそ、私は「成功の中に失敗の種があり、失敗の中に成功の種がある」という言葉を好んで使っている。

二〇〇一年一一月二〇日付　顧客向けレター「予測は不可能、準備は可能」よりとりわけ信用サイクルは、不可避で、振れが極端に激しく、順応力のある投資家にチャンスをもたらすという点で特筆に値する。あらゆるサイクルの中で、私が最も気に入っているのがこの信用サイクルだ。

投資にかかわる年月が長くなるにつれて、私は信用サイクルというものの影響力をますます強く感じている。景気がわずかに変動しただけで、利用可能な信用の規模は大幅に変動し、資産価格や、原因となった景気そのものに多大な影響を及ぼす。

そのプロセスは単純明快だ。

- 経済が好況期に突入する
- 資本を提供する金融機関が繁盛し、資本基盤を拡大する
- 悪い材料がほとんど存在しないため、融資や投資に付随するリスクが低下したように見える
- リスク回避志向が消える
- 金融機関が事業拡大、つまり資金供給の拡大に動く
- 金融機関がマーケットシェア競争のために、要求リターンの引き下げ（金利の引き下げな

ど)、与信基準の緩和、特定の取引を対象とした資金供給の拡大、契約条件の緩和などを行う

これが行き過ぎると、金融機関は本来なら融資に値しない借り手やプロジェクトに資金を提供するようになる。今年初頭のエコノミスト誌の記事にあったように、「最悪の融資は景気が最も良い時期に行われる」のだ。その結果、資本破壊が起きる。つまり、資本コストが資本収益率を超えるプロジェクトへの投資が行われ、資金がまったく回収できなくなる事態が生じるのだ。

この段階に達すると、前述の上昇局面は終わりを告げ、サイクルは下降局面へと反転する。

●損失を出した貸し手が意欲を失い、融資姿勢を消極化させる
●リスク回避志向が強まり、それにともなって金利の引き上げ、与信基準や契約条件の厳格化が起きる
●利用可能な資本の規模が縮小し、サイクルの底では、融資が行われるとしても、超優良な借り手しか対象にならなくなる
●企業が資本不足に直面しはじめる。債務の借り換えができなくなり、債務不履行《デフォルト》や倒産が起きる
●こうしたプロセスが景気後退を招き、さらに拍車をかける

もちろん、このプロセスが行き過ぎると、サイクルは再び反転に向かう。融資や投資をめぐる

競争は鳴りをひそめ、信用力の高いものを対象にすれば高いリターンも期待できるようになる。この時点で投資を行っている逆張り投資家は高リターン狙いであり、そのような潜在リターンの魅力がやがて資本をひきつけるようになる。こうして回復のエンジンがかかりはじめる。

サイクルには自律調整力があると前述したが、信用サイクルはこのようなプロセスを通じて自動的に反転する。そしてこの信用サイクルの波が、景気サイクルの変動を後押しする一因となる。好況で融資が拡大すると、無分別な融資が行われ、巨額の損失を生み出す。すると貸し手は融資をやめ、好況に終止符が打たれる……といった具合にだ。

次に危機が訪れた際に周りを見渡せば、おそらく貸し手の存在に気づくだろう。寛大すぎる資金供給者は、往々にして金融バブルを後押しし、あおる。過去一〇年ほどの間にも、甘すぎる融資姿勢がブームとその後の有名な危機を引き起こした例が数多くあった。一九八九〜一九九二年の米国不動産危機、一九九四〜一九九八年の新興市場危機、一九九八年のロングターム・キャピタル・マネジメント（LTCM）危機、一九九九〜二〇〇〇年の映画産業危機、二〇〇〇〜二〇〇一年のベンチャーキャピタル・ファンド危機と通信業界危機などだ。いずれの場合も、貸し手や投資家が低利の資金を大量に提供した結果、行き過ぎた事業拡大が進み、大規模な損失が発生したのだ。映画『フィールド・オブ・ドリームス』の中で、ケビン・コスナー演じる主人公は「それを作れば彼が来る」という不思議な声を聞く。金融の世界では、「低利の資金を用意すれば、彼らはしばしば無節操に借り、買い、建て、そして悲惨な結果をもたらす」のだ。

二〇〇一年一一月二〇日付　顧客向けレター「予測は不可能、準備は可能」より特記すべきは、約一〇年前に出したこのレターに、二〇〇七〜二〇〇八年の金融危機発生のプロセスがそっくりそのまま描かれている点だ。私に予知能力があったわけではない。堂々めぐりするサイクルの性質に精通していただけのことだ。

〜　〜　〜

サイクルの波がなくなることは決してない。もし完全に効率的な市場というものがあるのなら、そしてもし人々が感情を排し、冷徹な計算に基づいて判断を下すのなら、サイクル（あるいは、少なくともサイクルの極端な波）は消滅するかもしれない。だが、そんなことはありえないのだ。

消費者が経済要因や外生的な事象、地政学的あるいは自然発生的な要因に対して感情的に反応し、支出を増やしたり減らしたりすることから、景気は拡大と後退を繰り返す。企業は景気拡大期にバラ色の未来を思い描き、設備や在庫を極端に増やす。やがて景況が軟化すると、この過剰な設備や在庫が重くのしかかる。資本の提供者は好況期に融資姿勢を大幅に緩め、低利の融資を過度に拡大する。そして、景気に暗雲が漂いはじめると、融資姿勢を急激に厳格化する。投資家は好調時の企業を過大評価し、状況が悪化すると過小評価する。

それでも、一〇年に一度ぐらいの間隔で人々はサイクルがなくなったと思い込むのだ。良い時期が絶え間なく続く、あるいは悪い流れに歯止めがかからないと考え、「好循環」や「悪循環」という言葉をよく使うようになる。つまり、良い（悪い）状態がほかの良い（悪い）状態を生み出し、それがまた前者の状態にプラスに（マイナスに）働くという形で、一方向への流れが永遠に続くと主張するのである。

典型的な例を挙げよう。一九九六年一一月一五日のウォール・ストリート・ジャーナル紙は、あるコンセンサスが形成されつつあると報じた。「企業の役員室から家庭のリビングルーム、官庁から証券取引所のトレーディングフロアにいたるあらゆる場所で、新たなコンセンサスが生まれつつある。振れが大きく、たちの悪い景気循環がなくなった、というものだ」。以後、安定した波のない経済環境が続いたと記憶している者がいるだろうか。一九九八年の新興市場危機、二〇〇二年の景気後退、二〇〇八年の第二次世界大戦以後で最悪の不況について、どう説明できるのだろう。

「サイクルはなくなった」という思い込みは、「今回は違う」という危険な前提に基づく考え方の典型例だ。このフレーズは、過去のことを理解し、歴史が繰り返すと知っている者に恐れを抱かせる（そして、おそらく利益を生み出す機会を示唆する）。したがって、この過ちが起きたときに、それを認識できる目を持つことが必要不可欠だ。

私のお気に入りの一冊に、大恐慌前の政財界リーダーの言葉をつづった『*Oh, Yeah?*』（一九三二年発行）という小冊子がある。そのころでさえ、有識者はサイクルとは無縁の経済が訪れると予測していたらしい。

●現在の繁栄が終わりを告げることはないだろう（マイロン・E・フォーブス、ピアース・アロウ・

モーターカー・カンパニー社長、一九二八年一月一日)
●近い将来、この国の繁栄が必ず色あせ、遠のいていくという言い分に、異議を唱えずにはいられない(E・H・H・シモンズ、ニューヨーク証券取引所社長、一九二八年一月一二日)
●今はまだ、黄金期として歴史に残る時代の始まりにすぎない(アービング・T・ブッシュ、ブッシュ・ターミナル・カンパニー社長、一九二八年一一月一五日)
●この国の基幹産業は基調として底堅く、繁栄している(ハーバート・フーバー大統領、一九二九年一〇月二五日)

時として、サイクルの上昇局面あるいは下降局面が長期化したり、極端に大きく進んだり(あるいはその両方が同時に起きたり)すると、人々は「今回は違う」と言いはじめる。地政学上、制度上、技術面、行動面の変化によって「古いルール」は通用しなくなったと主張するのだ。人々は最近の傾向を反映した投資判断を下す。やがて、古いルールがなおも生きていることが明らかになり、再びサイクルが動きだす。つまるところ、空に届くまで伸びる木はなく、ゼロになって終わるものもほとんどない。むしろ結果的に見れば、ほとんどの現象はサイクルに従って起きているのだ。

二〇〇一年一一月二〇日付　顧客向けレター「予測は不可能、準備は可能」より

我々の結論はこうだ。サイクルの上昇局面でも下降局面でも、ほとんどの場合、未来は過去と

非常によく似た状況になる。そして、反転すると判断するのにふさわしいタイミングがある。相場が低迷し、周りの誰もがタダ同然の価格で売りたいているときがそうだ。相場が過去最高の水準にあるときに、過去に一度も実現していない都合の良い理屈に飛びつこうとするのは危険である。だが、人はこうした過ちを犯してきたのであり、それはまた繰り返されるのだ。

一九九六年一一月二五日付　顧客向けレター「今回は違うのか?」より

サイクルの存在を無視し、これまでのトレンドをそのまま未来に当てはめようとすることは、投資家が冒しうる重大な危険の一つである。人々は往々にして、好調の企業がずっとその調子を維持する、あるいはアウトパフォームしている投資が永遠にアウトパフォームしつづけるかのように振る舞う(逆方向のトレンドの場合も同様である)。だがトレンドが反転するほうが、現実となる公算は大きいのだ。

初心者の投資家が、トレンドが長期化する現象に初めて出くわしたのであれば、サイクルが止まるというかつてない状況が生じうる、と考えるのも当然かもしれない。だが二回目、三回目と経験を積んだ者なら、サイクルがなくなることはありえないと気づき、その認識を自らの強みとすべきだ。

これから先、サイクルはなくなったという触れ込みで投資の勧誘を受けたなら、それがまちがいなく失敗する賭けであることを思い出してほしい。

9 振り子を意識する

すべてが順調で価格が高騰しているとき、投資家は慎重さを忘れ去り、買いに殺到する。その後、市場が混乱に陥ると資産はバーゲン品となり、投資家はリスクをとる意欲を完全に失って、売りに殺到する。この繰り返しが永遠に続くのだ。

一九九一年に私が出した二通目の顧客向けレターは、年々、考えることが増えていたテーマに絞って書かれたものだ。そのテーマとは、振り子のように揺れ動く投資家の姿勢と行動である。

証券市場における地合いの動きは、振り子の振動によく似ている。振り子の軌道の中心点は「平均的な」位置と呼ぶにふさわしいが、実際にその場所に振り子がある時間はほんの一瞬である。そもそも、振り子は軌道の一端からもう一端へとほぼ休みなく揺れ動いている。そして一端に近づけば、遅かれ早かれ中心点に向かってまた動きが反転することは避けられない。じつのところ、一端に向かう動きこそが、もう一端へ揺れ戻るためのエネルギーを生み出すのだ。

投資の世界でも、市場は
●陶酔感と沈滞感の間を
●好材料への歓喜と悪材料に対する強迫観念の間を
●そして、過大評価と過小評価の間を
振り子のように揺れ動いている。

こうした振動は投資の世界に見られるきわめて確かな特徴の一つである。そして、投資家の心理は振り子の「幸せな中心点」よりも、両端に長く位置するように見える。

一九九一年四月一一日付　顧客向けレター「第Ⅰ四半期のパフォーマンス」より

一三年後、私はこの振り子のテーマについて、あらためて長文の顧客向けレターを書いた。そして前に言及した点に加えて、強欲と恐怖、楽観主義と悲観主義、将来性に対する信念の有無、軽信と懐疑主義、そしてリスク許容とリスク回避といった視点から、振り子がどう揺れ動くのか論じた。

最後に挙げた「リスクに対する姿勢」は、市場で変動する数多くの要素に共通して影響を及ぼす要因である。

前述したように、リスク回避は合理的な市場に絶対的に不可欠な要素だ。そして、リスクに対する姿勢の振り子が軌道のどこに位置するのかは、特に重要な問題である。リスク回避の度合いが不適切だと、バブルの膨張や暴落を引き起こす主因となる。リスク回避志向の欠如はバブルを決定づけるしるしである、と警告するのは短絡的だが、まったくの的外れとは言えない。一方、暴落は投資家が過度に不安を募らせた結果、起きる。行き過ぎたリスク回避姿勢は、価格に楽観的な材料がまったく織り込まれておらず（悲観的な材料だけが織り込まれており）、バリュエーションが話にならないほど低い状況にあっても、投資家を買いから遠ざける。

私の考えでは、強欲と恐怖のサイクルはリスクに対する投資家の姿勢の変化によって起きる。強欲が優勢になると、投資家はリスクそのものと、利益を得るためにリスクをとるという考え方に強い心地よさを抱く。逆に、恐怖が蔓延するとリスク回避志向が強まる。学者は投資家のリスクに対する姿勢を一定とみなすが、著しく揺れ動くことは明らかだ。

金融理論では、投資家がリスク回避的であることが大前提となっている。つまり、投資家はリスクを「優先せず」、高めの期待リターンという見返りがなければ、リスクはとらないというのだ。

高リスクの投資から確実に高いリターンが得られるというのは矛盾した話だ。それでも、こうした抗議の声が無視されるときがある。人々がリスクをとることに行き過ぎた心地よさを覚え、現存するリスクの見返りとしては不適切な水準のプレミアムが証券の価格に織り込まれている場合だ。

投資家のリスク許容度が概して高いとき、証券価格はリターンに見合うよりも大きなリスクを内包している可能性がある。一方、投資家が過度にリスク回避的だと、リスクに見合うよりも大きなリターンが得られる場合がある。

二〇〇四年七月二一日付　顧客向けレター「幸せな中心点」より

リスクに対する姿勢の振り子の振動は、すべての振り子の中でも特に影響力が強いものだ。私は最近、投資における主要リスクを、「損失を出すリスク」と「機会を逸失するリスク」の二つに集約した。このうちどちらかをほぼ排除することは可能だが、両方をなくすことはできない。理想的な世界では、投資家はこの二つのバランスをとるだろう。だが時期によって、振り子が軌道の一端に達する、つまり、どちらかが支配的になる状況が生じるのだ。例を挙げてみよう。

●二〇〇五年から二〇〇七年の前半にかけては、すべてが順調で資本市場の門戸は広く開かれていた。当時、将来に損失が発生することを想像できた者はほとんどおらず、多くの者がリスクは消えてなくなったと信じ込んでいた。投資家にとって唯一の懸念材料は、機会を逸失する可能性だった。もしウォール街で新しい魅力的な金融商品が生まれ、周りの投資家が買ったのに自分は買わなかったとしたら、そして、もしそれが実際に高いリターンを生み出したとしたら、自分は乗り遅れ、負けたような気分になるだろう。人々はそんな思いに駆られていた。損をすることなど念頭にないため、人々は価格の安さやリスク・プレミアムの適正水準、投資家保護といった点にこだわらなかった。要するに、積極果敢すぎる行動をとったのだ。

●その後、二〇〇七年の後半から二〇〇八年にかけて信用危機が深刻化すると、人々は世界の金融システムが完全に崩壊するのではないかという恐れを抱きはじめた。機会の逸失を気にする者はいなくなり、人々は損失を出すことだけを懸念するようになった。振り子が軌道の反対側の一端へと振れたのである。そして、人々は潜在的なリターンのことなど考えず、ほんの少しでもリスクのにおいがするものから手を引き、利回りがゼロに近い安全資産の国債へと逃避した。つまり、過度に不安を募らせて売りを加速させ、ディフェンシブすぎるポートフォリオを組んだのである。

このように過去数年間の出来事は、振り子が軌道の一端からもう一端へと激しく揺れ動くこと、そして、ほとんどの人がまちがったタイミングでまちがった行動をとるのを繰り返していることを、これ以上ないほど鮮やかに示している。すべてが順調で価格が高騰しているとき、投資家は慎重さを忘れ去り、買いに殺到する。その後、市場が混乱に陥ると資産はバーゲン品となり、投資家はリスクをとる意欲を完全に失って、売りに殺到する。この繰り返しが永遠に続くのだ。

〜　〜　〜

この世界に入ってまもないころ、あるベテランの投資家が、強気相場には三段階のプロセスがあると教えてくれた。ここで読者にも知らせておこう。

●まず、先見の明がある一握りの人が、状況が良くなると考えはじめる

●次に、多くの投資家が実際に状況が良くなっていることに気づく
●最後に、すべての人が状況が永遠に良くなりつづけると思い込む

これよりも的確に言い表すことができるだろうか。いや、この三行にすべてが凝縮されている。重要なのは、このプロセスが持つ意味の重要性をしっかりと把握することだ。

市場にはそれ自体に意思があり、主に（ファンダメンタルズではなく）投資家心理の変化によって引き起こされる市場のバリュエーション尺度の変化は、ほとんどの短期的な証券価格変動の原因となる。この投資家心理も振り子のように揺れ動く。

悪材料しか見当たらないとき、株価は最も割安となる。見通しが暗ければ、投資家は身動きがとれない。大胆不敵で抜け目ない一握りのバーゲンハンターだけが、進んでポジションを変える。やがて、そうした動きが他の投資家の注意をひいたり、見通しが少しましになったりすると、相場は上がりはじめる。

しばらくすると、見通しは改善の兆しを示す。人々は状況が上向きはじめたと考え、あまり想像力のない者でも買いに動きだす。そして景気と相場が底を脱すると、公正価値により近い株価で買うようになる。

やがて熱狂の準備が整う。景気や企業業績が改善し、人々は進んでそれにあやかろうとする。大衆は先に利益をあげた投資家に刺激を受け（そして嫉妬し）、仲間入りしようとする。物事に

はサイクルがあるということを無視し、相場は永遠に上がりつづけると思い込む。だからこそ、私は「賢明な人が最初にやること、それは愚か者が最後にやることだ」という古い格言が好きなのだ。特筆すべきは、超強気相場の終盤になって、好況が未来永劫続くことを織り込んだ価格で進んで株を買う人々の行動だ。

二〇〇一年一一月二〇日付　顧客向けレター「予測は不可能、準備は可能」より

強気相場の三段階について教わってから三五年後、サブプライム住宅ローン担保証券（とその保有者）をめぐる混乱が広がり、世界危機へと波及することを人々が懸念しはじめたとき、私は逆のパターン、つまり弱気相場の三段階のプロセスを思いついた。

- まず、思慮深い一握りの投資家が、強気相場の中にあってもそれがずっと続くとは限らないと認識する
- 次に、多くの投資家が状況が悪化していることに気づく
- 最後に、すべての人が状況が悪化の一途をたどると思い込む

今、この三段階の二番目に突入していることは明らかだ。悪いニュースと損失処理の話が満ちあふれ、金融革新、レバレッジ、デリバティブ、カウンターパーティー・リスク、時価会計といったものに潜むリスクに、多くの人が気づきはじめている。そして、問題解決はますます困難に

なっているように見える。

やがて第三段階に突入すると、人々は解決策を探ることをあきらめるだろう。だが、金融業界が本当に崩壊してしまわないかぎり、一世一代の投資機会が訪れる公算が大きい。相場の大底は、潮がまた満ちてくることをすべての人が忘れたときにやってくる。そういう時代に我々は生きているのだ。

二〇〇八年三月一八日付　顧客向けレター「潮は引く」より

この顧客向けレターを書いたわずか半年後に、相場は急激に動き、第三段階へと突入した。世界金融システムの完全崩壊もありうると考えられ、実際に、その第一歩とも言えるリーマン・ブラザーズの経営破綻や、ベアー・スターンズ、メリルリンチ、アメリカン・インターナショナル・グループ（AIG）、連邦住宅抵当公社（ファニーメイ）、連邦住宅貸付抵当公社（フレディマック）、ワコビア、ワシントン・ミューチュアルの吸収または救済が起きたのである。過去最大の金融危機であったため、投資家は第三段階、つまり「すべての人が状況が悪化の一途をたどると思い込む」事態をかつてない早さで受け入れた。そして、多くのアセットクラスで、振り子がこれまで私が見たことがないほど激しく揺れ動いた。二〇〇八年に価格が暴落すると、大底で投資機会が生じ、二〇〇九年に入って相場が反発する、という動きをたどったのだ。

こうしたプロセスすべてに関して重要なのは、何が起きているのか認識し、それがどのような結果をもたらすのか理解している人にとって、機会が生じるということだ。振り子の軌道の一端である、相場が最も悪い時期においては、分析力、客観性、決断力、さらには想像力がなければ、状況が改善に向かうとは考えられない。これらを兼ね備えた一握りの者だけが、低リスクで並外れた利益をあげることができる。だがもう一端では、相場が永遠に上がりつづけるという本来ありえないことを誰もが想定し、価格に織り込んでいる。その先には痛ましい損失が待ちかまえているのだ。
すべての出来事や機会は一連の流れの中で生じるのであり、どれも独立して起きるものではない。むしろ、すべては何度も繰り返されるパターンを構成する要素であり、それを理解すれば、うまく利益をあげることも可能なのだ。

投資家心理の振り子の動きは、前章で述べた景気と市場のサイクルの上下動と性質がよく似ている。わけあって、私はその二つを別物とみなし、章を分けて論じたが、両方とも非常に重要であり、同じ重大な教訓を示している。一九九一年の顧客向けレターで初めて振り子について論じて以来、約二〇年にわたる経験をふまえ、ここで改めて要点をまとめてみたい。

●恐怖と強欲といった相反する要素を軌道の両端とする振り子は、理論上はその間にある中心点に位置する時間が大半となるが、実際にそこに位置する時間は長くない。
●投資家心理の作用が主因となり、振り子は通常、両端の間を行き来する。

●振り子は一端に向かって揺れつづけたり、一端にずっととどまったりすることはできない（振り子がそれ以上行けない点に到達していても、人々はそこにあることが常態化したと考えるようになるのだが）。

●実際の振り子のように、投資家心理が極端な方向に振れると、反対側への揺り戻しを後押しするエネルギーが生じる。時として、たまりにたまったエネルギーそのものが、揺り戻しの原因となる。つまり、軌道の一端に向かう振り子は、自らの重さで反対側へと軌道を修正する。

●たいていの場合、一端からの揺り戻しは、それまでの動きよりも速く、短い時間で起きる（オークツリーのパートナーであるシェルドン・ストーンのお気に入りの表現を使うと、「風船から空気が出ていくスピードは、風船の中に空気が入るスピードよりもかなり速い」）。

ほとんどの市場現象で生じるこの振り子に似たパターンは非常に確かなものだ。しかし、サイクルの変動のように、以下のことは誰にもわからない。

●振り子が軌道のどこまで揺れ動くのか
●何が原因となって、振動が止まり、反転するのか
●反転がいつ起きるのか
●反転して、どこまで揺れ動くのか

強気相場が続くには、強欲、楽観主義、熱狂、信頼感、軽信、大胆さ、リスク許容、積極性を特徴とする環境が必要だ。だが、これらの特徴が市場を支配しつづけることはない。いずれは恐怖、悲観主義、慎重さ、不透明感、懐疑主義、警戒感、リスク回避、躊躇《ちゅうちょ》に取って代わられるのである。崩壊はブームの産物だ。多くの場合、崩壊は価格の調整を引き起こす特異な事象が生じたからではなく、それまでのブームが行き過ぎたせいで起きると考えるほうが正しい、と私は確信している。

二〇〇八年一月一〇日付　顧客向けレター「次はどうなる?」より

我々が確信を持てることはごく少ないが、その一つとして挙げられるのは、行き過ぎた相場の動きは反転するということだ。振り子が永遠に一方向へ進みつづける、あるいは一端にとどまりつづけると考える者は、いずれ大損するだろう。一方、振り子の挙動を理解している者は、大儲けする可能性があるのだ。

10 心理的要因の悪影響をかわす

飽くことのない欲求、機会逸失の恐れ、他人と比べる傾向、集団の影響力、「確実に儲かるもの」に対する幻想。これらはほぼ普遍的な要素であり、互いに絡まりあって、ほとんどの投資家や市場に強い影響を及ぼす。その結果、人は過ちを犯すのだ。そして、その過ちは広範囲にわたり、幾度となく頻繁に繰り返される。

ミスプライシング、誤解、他人が犯す過ちなどの非効率性は、すばらしいパフォーマンスをあげる機会を提供してくれる。こうした非効率性を逆手に取ることが、アウトパフォームしつづけるための唯一の手段である。むしろ、ほかの者と差をつけるには、過ちを犯す側ではなく、見極める側にいなければならない。

過ちはなぜ起きるのか。それは投資が人間によってなされる行為であり、大半の人間は自身の心理と感情に翻弄されるからだ。データを分析するのに必要な思考力を持っている者は多くいても、物事をじっくりと見極め、心理の強大な影響力に耐える能力を持った者ははるかに少ない。別の言い方をすれば、多くの人は自らの分析に基づき、認識上は似たような判断を下すが、その判断の結果、どう振る舞うかには著しいばらつきがある。それぞれの心理が行動に及ぼす影響は異なるからだ。投資上の重大な過ちは情報面や分析面の要素ではなく、心理的な要素によって引き起こされる。一口に投資家心理と言っても、本章でこれから述べるように独立した要素が数多くあるのだが、最も留意すべき点は、それらがつねに誤った判断へとつながることだ。そうなってしまうのは多くの場合、「それが人間の性《さが》だから」である。

投資家の努力を台無しにする感情の第一は金銭欲である。とりわけ、金銭欲が強欲へと姿を変えると大きな影響が生じる。

ほとんどの人はカネ儲けのために投資を行う（中には知的活動の一環として、あるいは自身の強みを発揮するのに適した分野だからという理由で行う者もいるが、そうした者もカネ勘定することに変わりはない。すべての人がカネ儲けを目標にするとは限らないが、カネは万人にとっての勘定単位である。カネに興味がない者はそもそも投資の世界に足を踏み入れない）。

カネ儲けしようとすることには何の問題もない。むしろ、利益欲は市場と経済全般が機能するうえで特に重要な要素の一つである。危険が訪れるのは、利益欲が強欲へと変わるときだ。メリアム・ウェブスター英英辞典の定義によると、強欲は「特に富や利益に対する並外れた、あるいは全身全霊を傾けるほどの欲心（通常、非難の意味を込めて使われる）」である。

強欲の力はきわめて強大だ。常識、リスク回避、慎重さ、警戒感、論理、苦痛に満ちた過去の教訓の記憶、強い覚悟、恐怖心など、本来ならば投資家がトラブルに巻き込まれるのを阻止するであろう、すべての要素をねじふせてしまうほどである。そして、時として強欲のせいで、投資家は利益を求める群衆と運命を共にする衝動に駆られ、やがてその代償を支払うはめになるのだ。

> 強欲と楽観主義が組み合わさるたびに、人々は高いリスクをとらずに高リターンを狙う戦略を採用する、人気の証券を高すぎる価格で買う、すでに過大評価されている資産をまだ値上がり余地があると見て保有しつづける、といった行為を繰り返す。自分たちがみなまちがっていた、つまり非現実的な期待をふくらませ、リスクをないがしろにしていたとわかるのは、あとになってからだ。
>
> 二〇〇五年一〇月一七日付　顧客向けレター「後悔を先に立たせるべし（いったい何を考えていたのか）」より

強欲の対極は恐怖であり、これが第二に考慮すべき心理的要因である。投資の世界において、恐怖は論理的かつ実際的なリスク回避を意味する言葉ではない。むしろ、強欲と同様に行き過ぎた様子を示すのであって、どちらかというとパニックに近い意味を持つ。つまり、恐怖は行き過ぎた懸念であり、しかるべき建設的な行為を投資家が実践に移すのを妨げるのだ。

この世界に入ってから幾度となく、私は人々がいとも簡単に「自発的な不信の一時停止」（ありえないはずの話を進んで受け入れてしまうこと）を行う姿に驚かされてきた。したがって、三番目に論じたい心理的要因は、論理、過去、そして伝統的な規範を無視してしまう人々の性向である。こうした性向から、人は（筋が通った話ならまだしも）疑わしい投資案件であっても、カネ儲けできそうな可能性があれば受け入れてしまう。この点に関して、チャーリー・マンガーは古代ギリシャの政治家デモステネスの名言を教えてくれた。「自己欺瞞ほど安易な道はない。そうあってほしいと願うことを真実だと思い込めるのだから」。ファンダメンタルズ面の制約の一部がもはや意味をなさなくなり、したがって公正価値に関する過去の概念ももはや通用しない、という思い込みは、すべてのバブルとその崩壊の核心に例外なくあるのだ。


フィクションの世界では、「自発的な不信の一時停止」を行うことで楽しみが増す。『ピーター・パン』の劇を観ているとき、（たとえそれが事実だったとしても）隣の観客が「ワイヤーが見える」などと言うのは聞きたくないだろう。少年たちが飛べるはずはないとわかっていても、別に気にはならない。純粋に娯楽として観ているのだから。

だが投資は娯楽目的ではなく、真剣に行うものだ。だから、現実世界ではありえないことに、いつも目を光らせていなければならない。つまり、投資プロセスには強い不信が必要とされるのだ。不適切な懐疑主義も投資損失の発生につながる。暴落や金融危機の事後検証で、再三再四繰り返されてきた言葉が二つある。「そんなうまい話があるわけない」と「いったい何を考えていたのか」である。

二〇〇五年一〇月一七日付　顧客向けレター「後悔を先に立たせるべし（いったい何を考えていたのか）」より

なぜ投資家は都合の良い思い込みに陥るのだろうか。答えは多くの場合、過去の教訓を一笑に付す、あるいは無視することの気楽さ（これがしばしば強欲へとつながる）にある。経済学者ジョン・ケネス・ガルブレイスの巧みな表現を借りれば、「金融に関する記憶が持続する時間は極端に短い」ため、市場参加者はこうしたパターンが何度も繰り返されること、そしてそれが避けられないことを認識できないのだ。

〝同じ、あるいは非常によく似た状況が（時としてわずか数年後に）再び生じると、それは金融業界、そしてより広い経済界における輝かしい革新的発見として、新しい世代に大歓迎されるのだ。そうした世代とは、だいたいが若く、そして例外なく自信に満ちあふれた者たちである。人間の活動において、金融の世界ほど歴史がないがしろにされる分野はほとんどない。過去の経験は、たとえ記憶に残っているとしても、今日の驚異的な発展を評価するだけの洞察力を持たない者が、考えなしに駆け込む逃げ場であるとして、一笑に付されてしまうのだ〟

（一九九〇年、ジョン・ケネス・ガルブレイス著『バブルの物語』）

人々がリスクを負わずに高リターンがあげられると信じるようになる「絶対確実な投資」（言い換えると「タダ飯」）については、さらに議論を重ねる余地がある。

ある市場、あるいは個別銘柄や投資手法がしばらくの間、すばらしいリターンを生み出すと、たいていの場合、行き過ぎた（そして無条件の）信奉を集める。私はこうした流行の方策を「銀の弾丸」（テレビ西部劇の主人公が使っていた百発百中の弾）と呼んでいる。

投資家はつねに「銀の弾丸」を探し求めている。聖杯とかタダ飯とか、呼び方はいろいろあるだろうが、誰もがリスクなしでカネ持ちになるための切符を欲している。それが存在しうるのか、存在するとしたら、なぜ自分たちの手に入りうるのか、と疑問に思う者はほとんどいない。要するに、希望の泉は永遠に枯れないのだ。

しかし、「銀の弾丸」は存在しない。リスクを負わずに高い収益率を達成できる戦略などない。万能な者もいない。それが人間なのだから。市場は激しく動くものであり、何よりも、長い目で見ると並外れた利益をあげる機会を奪い去る働きをする。「銀の弾丸」がすぐそこにあるという揺るぎない思い込みは、やがて非常に深刻な打撃をもたらすのだ。

二〇〇二年五月三一日付　顧客向けレター「現実主義者の信条」より

人はなぜ「銀の弾丸」の存在を信じるようになるのか。まず、世の中には真理の芽というべきものがある。そこから知的な響きがする理論が紡ぎだされ、信奉者が布教活動を行う。その理論に従って行った投資が、しばらくの間、利益を生み出す。理論の強みが生きた場合もあれば、ただ単に新しい信奉者がこぞって買ったために、対象となった資産の価格が上昇したという場合もある。そのうちに、①確実にカネ儲けできる方法があり、②それを実現している人がいる、という印象が熱狂をもたらす。ウォーレン・バフェットが二〇一〇年六月二日に議会の公聴会で証言したように、「価格上昇は麻薬のように、進むべきか退くべきかを判断する理性を鈍らせる」のだ。だが、その熱狂の渦はやがてはじけ飛び、あとになってバブルと呼ばれるのである。

投資家の過ちを引き起こす四番目の心理的要因は、たとえ明らかにおかしいところがあったとしても「多数派の見方に（逆らうよりも）同調する傾向」である。経済ジャーナリストのジョン・カシディーは著書『市場はいかに失敗するか』（未邦訳）で、一九五〇年代にスワースモア大学の心理学者ソロモン・アッシュが行った古典的な心理実験について触れている。アッシュは被験者の集団に複数の線が描かれた紙を見せて、線の長さに関するごく単純な質問をする。実は、真の被験者は一人だけで、残りはサクラだ。サクラがわざと全員一致でまちがった答えを言うと、その答えは真の被験者に劇的な影響を及ぼす。カシディーはこのように論じている。「こうした状況に置かれると、真の被験者は決まりの悪い思いをさせられる。……（アッシュが分析したように）『真の被験者は、自分自身の確かな感覚と、周りの全員一致の見解という相反する力の板挟みとなる』のだ」

真の被験者は高い確率で自分が見たものを否定し、たとえ明らかにまちがっていたとしても、集団の他のメンバーに同調する。この多数派の影響力の大きさを示す実験結果は、コンセンサスの判断の正当性に疑問を投げかけている。

カシディーはこう書いている。「ソロモン・アッシュが一九五〇年代に行った視覚実験の参加者のように、市場についてコンセンサスとは異なる見方をする者の多くは、疎外感を覚えはじめる。やがて、コンセンサスに賛同しない者こそがおかしいと感じる段階に達するのだ」

同調圧力と金銭欲の組み合わせは、幾度となく人々の主体性と懐疑主義を奪い、生来のリスク回避志向をねじふせ、筋の通らないことを信じ込ませる働きをしてきた。あまりにも頻繁に起きるため、こうした流れは投資家の行動にランダムではない、一定の影響を及ぼしているに違いない。

投資家の行動を左右する五番目の心理的要因は嫉妬だ。人々を「もっともっと」と駆り立てつづける強欲の負の力は、他人と自分を比べることによって、さらに強大になる。これはいわゆる「人間の性」の中でも特に有害なものだ。

周りから隔絶された状態では自分の持ち分にすっかり満足していた人も、他人がもっと多く持っていることを知るとみじめな気持ちになる。投資の世界にいる者の大半は、他人が自分より儲けているのを見て、じっとしてはいられなくなるのだ。

私が知る某非営利団体の基金は、一九九四年六月から一九九九年六月にかけて年一六%のリターンを記録していた。しかし、同業他団体が平均二三%のリターンを達成していたため、関係者は浮かない顔をしていた。成長株、ハイテク株、企業買収ファンド、ベンチャーキャピタルに手を出さなかったその団体は、一九九〇年代後半に完全に時代から取り残されていた。だがその後、ハイテク株が暴落した。二〇〇〇年六月から二〇〇三年六月にかけて、ほとんどの基金が損失を出すなかで、その団体は年三%の利益を達成し、関係者は快哉を叫んだ。

この話、どこかおかしくはないだろうか。年一六%のリターンで不満だった人々が、なぜ年三%のリターンで浮かれるのか。人間には自分と他人を比べる傾向があり、それが建設的、分析的であるべき思考回路に狂いを生じさせるからだ。

六番目の心理的要因はうぬぼれである。以下のような状況において、客観性と冷徹さを保つことはきわめて難しいと言える。

- ●投資パフォーマンスは短期で評価され、比較される。
- ●相場が良い時期には（そして、相場は良い時期のほうが長い）、まちがった（無分別ですらある）判断に基づいて追加的なリスクをとった者が、最も高いリターンをあげる。
- ●リターンが高ければ、それだけうぬぼれも強くなる。物事が順調に行っているときに、自分は切れ者という気分を味わい、周りもそう認めてくれるのは楽しいものだ。

対照的に、思慮深い投資家は人知れず努力し、相場が良い時期に手堅く利益をあげ、悪い時期にはほかの者より損失を少なくすることができる。自分が知らないことがいかに多いかを知り、うぬぼれないよう気を引き締めているため、周りと一緒にきわめて危険な行為に走ることはない。これこそが、長期的に富を築くための最もすぐれた方程式だと私は考える（ただし、短期間でうぬぼれを生むほどの成果をあげることはない）。謙虚さ、慎重さ、リスク・コントロールに重きを置く投資姿勢をとるのは、決して華々しいことではない。もちろん、投資は華々しさを追求するために行うものではないが、華々しさが目立つ場合が多いのだ。

最後に、私が「降伏」と呼ぶ現象について説明したい。これはサイクルの最後のほうに決まって表れる投資家行動の特徴だ。投資家は可能なかぎり自分の信念を貫きつづけるが、経済的、心理的な圧力が抗しがたいほどに高まると、ついに降伏し、多数派の仲間に入ってしまうのである。

投資ビジネスの世界に入る者は概して知的で教養があり、情報通で数学にも明るい。業界や経済の機微を悟り、複雑な理論も理解している。多くの者は、資産の価値や見通しについて筋の通った結論を導き出す能力を持つ。

しかし、そこに心理的な要因や集団の影響力が働く。たいていの場合、資産価格は割高でなおも上昇中、あるいは割安でなおも下落中、のどちらかの状態にある。こうした傾向は投資家の心理や信念、決断をしだいにぐらつかせていく。自分が買うのをやめた株でほかの者が儲け、自分が買った株は値を下げつづけている。話題の新規発行銘柄、赤字なのに高値で取引されているハイテク株、レバレッジへの依存度が高い住宅ローン関連デリバティブなど、安全性が低い、あるいは賢明ではないとして取り合わなかった商品が、利益を生み出していると連日報じられている。

割高な銘柄がさらに値上がりしつづけている、あるいは割安な銘柄がさらに値下がりしつづけているのであれば、正しいこと、つまり前者を売って、後者を買うことを実行するほうが楽なはずだ。しかし、人はそのようには動かない。自信喪失ぎみのときに他人の成功話を聞くと、投資家はまちがった行動へと駆り立てられ、その結果、こうした傾向はさらに長続きするのだ。投資家はこのような圧力とも戦わなければならない。

飽くことのない欲求、機会逸失の恐れ、他人と比べる傾向、集団の影響力、「確実に儲かるもの」に対する幻想。これらはほぼ普遍的な要素であり、互いに絡まりあって、ほとんどの投資家や市場に強い影響を及ぼす。そして、市場が極端な状態にあるときほど、その影響力は強まる。その結果、高い代償をともなう過ちが広範囲にわたり、幾度となく頻繁に繰り返されるのである。

これまで述べてきた話はすべて理屈であって、自分には当てはまらないと感じただろうか。それが本当だったら、どれだけよいかと思う。だが、理性ある人々なら感情の負の力に屈することはないのではないかと考える人のために、あるキーワードを引っ張り出したい。それは「ハイテク・バブル」だ。本書の前半では、投資家が「本質的価値と価格の間には合理的な関係が成り立つはずだ」ということをないがしろにするとどうなるか、という実例として、このバブルについて言及した。なぜ投資家は常識をおろそかにするようになるのか。その原因は、本章で論じてきた感情と重なる。つまり、強欲、恐怖、嫉妬、自己欺瞞、うぬぼれである。それではハイテク・バブルの顛末《てんまつ》を振り返り、どのような心理が働いたのか、検証してみよう。

一九九〇年代は、株価が力強く上昇した時代であった。もちろん何日、何カ月という期間では低調な時期もあり、一九九四年の急激な金利上昇のようなショック要因も発生したが、スタンダード&プアーズ（S&P）五〇〇種株価指数は一九九一年から一九九九年にかけてプラスの年間騰落率を記録しつづけ、この期間における上昇率は年平均で二〇・八％に達した。こうした実績に背中を押された投資家は、楽観ムードに身を委ね、強気のシナリオを進んで受け入れるようになった。

一九九〇年代前半には、おそらく一九八〇年代にバリュー株（割安株）がアウトパフォームしたことの反動として、グロース株（成長株）がバリュー株を若干、アウトパフォームした。このことも、企業の成長性を積極的に高く評価する投資家の姿勢を助長した。

投資家は技術革新というテーマに魅了されるようになった。ブロードバンド、インターネット、電子商取引（Eコマース）などの発達は、世界に変革を起こすものに見え、ハイテク、通信分野の起業家がもてはやされた。

価格上昇がさらに買いを呼び、いっそうの価格上昇をもたらす。ハイテク株は、こうした果てしない好循環にも見えるプロセスの渦中にあった。

ほとんどの強気相場では、その背景に一見もっともらしい根拠が存在するものだが、このときも例外ではなかった。曰く、企業が優良だから、ハイテク株は他分野の株式をアウトパフォームする。経済における重要性が増しているため、株価指数に組み込まれるハイテク銘柄が増える。その結果、インデックス・ファンドや「クロゼット・インデクサー」（アクティブ運用をよそおいながら、こっそりパッシブ運用を行う〝隠れインデックス運用者〟）も、指数をアウトパフォームすることを狙うアクティブ投資家も、ハイテク銘柄の組み入れを増やす必要に迫られる。確定拠出年金（四〇一k）プランに加入する人が増え、その運用ポートフォリオで株式の配分が上昇し、株式の中でもハイテク株の組み入れ比率が高まる。これらの理由から、ハイテク株は①上昇しつづけ、②他分野の株式をアウトパフォームしつづけるはずだ。その結果、さらに新たな買いを呼ぶだろう……。こうした現象がすべて、束の間でも現実となったことで、一連の理屈の信憑性が高まったのだ。

ハイテク株の新規株式公開（ＩＰＯ）では、公開当日に株価が数十あるいは数百％も上昇するようになり、確実に儲かる投資先というイメージができた。そして、投資家はＩＰＯ株の購入に殺到するようになった。

心理学的な観点から見ると、ＩＰＯをめぐる投資家の行動は特に興味深い。当時の様子を簡単に説明しよう。Ａ氏が会社の同僚Ｂ氏から「ＩＰＯ株を買う予定だ」と聞いた。「何の会社なのか」とたずねると、「知らないが、公開日に株価が二倍になるとブローカーに言われた」と答えるので、「そんな無茶苦茶な話があるか」と応じた。一週間後、Ｂ氏が打ち明ける。「二倍になるというのはまちがいで……実は三倍になった」。どんな会社なのかは相変わらず知らないらしい。そんなことが繰り返されるうちに、Ａ氏はだんだん我慢できなくなる。腑に落ちないが、自分が愚か者であるかのような気分をずっと味わうのは苦痛だ。そして、Ａ氏はついに次のＩＰＯ案件で数百株を申し込む。これが「降伏」の典型例だ。Ａ氏のような「改宗者」の買いが相次ぎ、ブームはさらに拡大するのである。

成功を収めた新興企業に投資してきたベンチャーキャピタル・ファンドは、大きな注目と巨額の資金を集めた。たとえば、グーグルが株式を公開した年、同社に出資していたファンドはこのＩＰＯの成功だけで三五〇％のリターンを達成した。

ハイテク株への投資で成功した投資家は、メディアでその手腕を称えられた。経験や懐疑主義に束縛されずに巨額の利益をあげたのは、だいたいが三〇代、あるいは二〇代の若者であった。決して指摘されることはなかったが、こうした若者が成功を収めたのは、飛びぬけて頭脳明晰だったからではなく、不合理な市場のおかげだったのかもしれない。

すべてのバブルの始まりには一抹の真理がある、と本書の前半で述べたことを覚えているだろうか。ここで紹介したハイテク株ブームのシナリオにおいては、テクノロジーが実際に秘めている可能性が真理の種であり、そこに強気の理屈という肥料が与えられた。そして、進行中で永遠に続くかのような価格上昇が、バブルの成長に弾みをつけたのである。

もちろん、ハイテク株、Eコマース株、通信株に対する熱狂は、これらの企業が世界を変える可能性に端を発している。技術発展により、従来の我々の生活に大変革が起きつつあること、言い換えれば、世界がわずか数年前と同じ場所とは思えないほど変化するであろうことについては、私もまったく異論はない。重要なのは、どの企業が勝ち組になるのか、そして、その中で今日、投資する価値がある企業はどれなのかを見極めることだ。

ハイテク株、インターネット関連株、通信株は高すぎ、まもなく下落するだろうと現状で発言することは、貨物列車の前に立ちはだかるようなものだ。これらの銘柄はブームの恩恵を最大限に受けてきたのであり、懐疑的な目で見るべきだというのが、私が発する精いっぱいのメッセージである。

二〇〇〇年一月三日付　顧客向けレター「バブル・ドットコム」より

二〇〇〇年一月にこの顧客向けレターを出してほどなく、ハイテク株は自らの重みに耐えられなくなり、値崩れしはじめた。原因となる特定の出来事があったわけではない。株価が行き過ぎで、調整が必至であることが突然、明らかになったのだ。ウォール・ストリート・ジャーナル紙は、投資ブームが冷え込むといつも、株価が九〇%以上下落した銘柄の一覧表を掲載する。だがハイテク・バブル崩壊後の表では、九九%超下落した銘柄が対象となった。主要株価指数は大恐慌以来、初めて三年に及ぶ下げを記録し、ハイテク株（そして株式全般）は、もはや特別な資産には見えなくなった。

それから一〇年が過ぎた今、振り返ってみると、当時もてはやされた技術の進歩はたしかに世界を変えたと言える。勝ち組の企業は非常に重要な存在となり、新聞やCDなどの媒体には多大な影響が及んだ。一方で、投資家がバブルの中で、常識は覆されるものと受け入れてしまったことも同じくらい明らかだ。すべての企業が勝ち組になれるはずがない、長い時間をかけて企業の淘汰が進む、無料のサービス提供で利益をあげるのは簡単ではない、赤字なのに株価売上高倍率（利益がないため、株価収益率に代わる尺度として使われた）が高い企業は非常に危険である、といった点から目をそむけたのである。

強欲、熱狂、不合理、不信の一時停止、そして本質的価値をないがしろにすることによって、人々はハイテク・バブルで巨額の損失という代償を支払わされた。一方で、才気にあふれ、規律あるバリュー投資家は、このバブルが崩壊するまでの数年数カ月にわたって（もちろん崩壊は必然であった）、愚か者のように見られていたのだ。

強欲と人的ミスの結果、生じた好材料がやみくもに高く評価され、悪材料が無視されているときに、その輪に加わらない決断をすること。これが、バブルで損失を出さずに済むためのカギとなる。決して簡単なことではなく、誘惑を断ち切れる者はほとんどいない。同じように、暴落で行き過ぎた恐怖が市場を取り巻くとき、投資家にとって重要なのは売らないこと、そして、できれば買うことだ（ここで指摘しておくべきことを思い出した。バブルは必ずしも暴落があったから生じるものではなく、自然発生することもある。だが、暴落の前には必ずバブルがある）。

ほとんどの人にとって、ハイテク・バブルで買わずにいることが難しかったように、先の信用危機の谷底では売らずにいることがさらに難しく、またそこで買うことは一段と困難だった。強気相場で買い損なったのなら、最悪の場合でも、のろまのように見られ、機会コストが発生する程度で済む。しかし、二〇〇八年の株価暴落においては、売り損なえば、損失は限りなく大きくなるかのように見えた。この世の終わりが本当に来るかもしれないと思える状況だったのだ。

それでは、過ちへと駆り立てる心理的要因に対して、投資家はどうすればよいのだろうか。まず、その正体を見極めることが、抵抗する勇気を持つための第一歩となる。次に、現実的になることだ。本章で説明した心理的要因への抵抗力が自分にはあると思っている投資家は、危険を覚悟でそう信じるがよい。それらの要因が、市場全体を動かすほどに他の投資家に影響力を及ぼすのであれば、自分も無関係ではいられないのではないか。大のおとなが行き過ぎたバリュエーションを見過ごし、永遠に動きつづける機械などないということを否定するほど、強気の心理が台頭したならば、自分もその影響を受けずにはいられないのではないか。損失が拡大しつづけるという恐怖論が浸透し、周りの投資家が二束三文で売りたたいていたら、自分も同じことをせずにいられるだろうか。

実際のところ、相場のピーク、つまり周りの誰もが買い、専門家が明るい展望を示し、強気の論理が広く受け入れられ、価格が急騰し、高いリスクをとっている者が高リターンを記録している状況で、買わずにいることは難しい（売ることはなおさらだ）。同様に、正反対の状況が生じている相場の底で、売らずにいることは（そして、買うことはさらに一段と）難しく、保有しつづけることや買うことは、何もかも失うリスクにつながりそうに見える。

本書で論じている他の多くのことと同じく、簡単な答えなどない。相場が不合理に高すぎたり、低すぎたりする状況に達したことがわかる方程式も、投資家をつねに正しい判断へと導いてくれる安心設計のツールも、やけっぱちになるのを防ぐ魔法の薬も存在しない。チャーリー・マンガーが言うように、そもそも「簡単なことではない」のだ。

それでは、勝率を高めるためにどのような武器を身につければよいのだろうか。以下に、オークツリーで実践していることを挙げよう。

●本質的価値を強く意識する
●価格が本質的価値から乖離した場合にとるべき行動にこだわる
●過去のサイクルに関する知識を深め（最初は資料を読んだり、ベテラン投資家の話を聞いたりして、その後は自分の経験を通じて）、行き過ぎた相場が最終的に報われるのではなく、手痛い打撃を受けることを心得る

●市場が極端な状況にあるときの投資プロセスにおいて、心理的要因がひそかに悪影響を及ぼすことをしっかりと理解する
●「そんなうまい話があるわけない」と思えるときは、たいていの場合、そのとおりであることを肝に銘じる
●誤った水準にある相場がさらに誤った方向へ動いているときには（例外なくそうなるのだが）、自分がまちがっているように見えることを進んで受け入れる
●同じ考えの友人や同僚の支持を得る（そして自分も相手を支持する）

これらを心がければ確実にうまくいくというわけではないが、そのチャンスを得ることは可能となる。

11 逆張りをする

周りが意気消沈して売ろうとしているときに買い、周りが高揚した気分で買おうとしているときに売るには最大限の勇気が必要だが、そうすることで最大限の利益が得られる。

ジョン・テンプルトン卿

大半の投資家をひとくくりにして表せる言葉が一つだけある。順張り投資家《トレンド・フォロワー》だ。すぐれた投資家はその対極にある。ここまで読んだ人ならすでによくおわかりだと思うが、すばらしい投資成績をあげるには、二次的思考、つまりほかの人とは違う、より複雑で洞察力に富んだ思考が必要だ。「ほかの人とは違う」のだから、大衆のほとんどはこうした思考をめぐらすことはできない。したがって、大衆の判断は成功のカギとなりえない。むしろ、トレンド、つまりコンセンサスの見方は戦うべき相手であり、コンセンサスのポートフォリオは避けるべき構成の手本である。振り子は揺れ動いている（市場はサイクルの中で上下動している）のだから、最終的に成功を収めるにはコンセンサスと逆方向に動くことがカギとなる。

「他人が慎重さを欠いているときほど、自分たちは慎重に事を運ばなければならない」。よく引用されるウォーレン・バフェットの忠言の核にあるのはこの考えだ。バフェットは周りのみんなと反対の動きをすること、つまり逆張りを勧めているのである。

周りと同じことをすれば、そうした人々や自分自身の行動が一因となって増幅する変動の波にさらされることになる。その大波が断崖に押し寄せているときに、群集と行動をともにするのはまちがいなく危険だ。しかし、それを避けるには並外れたスキル、洞察力、規律が必要なのである。

二〇〇二年五月三一日付　顧客向けレター「現実主義者の信条」より

群集が過ちを犯すという論理は明確であり、数学的とさえ言える。

●相場は強気から弱気へ、過大評価から過小評価へと激しく揺れ動く。
●その変動は「群集」あるいは「ほとんどの人」の行動によってあおられる。強気相場は、売りたい人よりも買いたい人が多くなる、または売り手よりも買い手の意欲のほうが高まると生じる。人々が売り手から買い手に変わると、また買い手の意欲が高まる一方、売り手の意欲が弱まると、相場は上昇する（買い手が優勢にならなければ、相場は上昇しない）。

●相場の極端な状態は変曲点となる。変曲点は強気相場や弱気相場がこれ以上は行けないところに達すると生じる。わかりやすく説明すると、ずっと買わずにいた最後の一人が買ったとき、相場はピークに達する。その時点では、すべての人がすでに買い手となって強気の群集の仲間入りを果たしているため、それ以上、強気が高じることはなく、相場も頭打ちとなる。この状況で買ったり、保有しつづけたりするのは危険だ。
●そこから強気に転じる者はもはやいないため、相場は上げどまる。そして、もし次の日に一人が買い手から売り手に転じれば、相場は下げはじめる。
●だから、「ほとんどの人」が信じることによって到達した相場のピークや谷底では、ほとんどの人がまちがっていることになる。
●したがって、投資を成功させるためのカギは反対の動きをする、つまり群集から離れることにある。ほかの人が犯す過ちに気づける者は、逆張りによって巨額の利益をあげることができるのだ。

市場はその時々で極端な様相を見せる。投資家は熱狂的な買い手になったかと思えば、恐怖に震える売り手になり、あわてて買いに行ったり、売りに走ったりする。相場は過熱したかと思えば冷え込み、価格は持続不可能なほど高くなったり、滑稽なほど安くなったりする。相場や、投資家の姿勢や行動が、振り子の「幸せな中心点」に位置している時間はまちがいなく非常に短い。

このことから、どのように行動するのがよいと言えるだろうか。サイクルの極限に到達するまで群集と一緒に動けば、懐具合が悪くなる危険性がある。相場のピークは、貪欲な買い手が市場を支配し、二度と達成できないかもしれない水準まで価格を押し上げたときにやってくる。逆に、パニック状態の売り手が優勢となり、多くの場合、のちに著しく不当だったと判明するような価格で資産を進んで手放すようになると、相場の谷底は現れる。

「安く買って、高く売る」は由緒ある格言だが、市場サイクルに翻弄された投資家は、お決まりのように正反対の行動をとる。正しい反応とは、逆張りで動くことだ。つまり、周りが嫌がっているものを買い、熱を上げているものを売るのである。「一世一代の」ピークや谷底は一〇年に一回ほどの頻度でしか訪れず、投資家がその経験を生かしてキャリアを積むことは難しい。だが逆張りを試みることは、どんな投資家のアプローチにおいても重要な要素になるはずだ。

ただし、簡単にできると思ってはいけない。価格が本質的価値から著しく乖離しているものを察知する能力が必要なのだ。また、常識（この世の中で矛盾に満ちたものの一つ）にあらがい、「市場はつねに効率的で正しい」という神話に逆らえるだけの強固な意志を持たなければならない。経験がなければ、そのような断固たる行動はとれない。我慢強く、理解のある支持者の助けもいる。そして、自分の正しさが証明されるまで、ピークや谷底をやりすごせる時間的な余裕がなければ、最も典型的な市場の犠牲者になってしまう。つまり、身長が一八〇センチある男性が、平均水深一五〇センチの川で、急流にもまれておぼれるようなことになる。だが、振り子に似た市場の動きを警戒していれば、時として転がっているチャンスに気づく可能性があるのだ。

二〇〇四年七月二一日付　顧客向けレター「幸せな中心点」より

逆張りの大まかな概念を受け入れることと、それを実践することは別だ。振り子がどこまで振れるのか、動きがいつ反転するのか、反転後にどれだけ振れるのかは絶対にわからない。ただし、振り子が極限に達すると、相場が中心点に向かって（あるいは中心点を越えるところまで）揺れ戻ることは確実だ。振り子が永遠に同じ方向へと動きつづける、あるいは極限に達したあと、そこにとどまりつづけると信じていた投資家は、失望せずにはいられない。

とはいえ、市場に影響を及ぼす要因は数多く、変動しやすいため、逆張りも含めて、全幅の信頼を寄せられる概念やアプローチは存在しない。

〜　〜　〜

●逆張りはどんなときでも利益をあげられるアプローチではない。たいていの場合、逆張りするのにふさわしいほど行き過ぎた状態は市場に存在しない。
●行き過ぎた状態が発生していたとしても、「割高である」ことは「明日、値が下がる」こととはまったく別である点を心に留めておく必要がある。
●相場は割高あるいは割安でも、数年にわたってその状態を維持したり、さらにその度合いを強めたりする可能性がある。
●トレンドに逆らうと、手痛い打撃を受ける可能性がある。

●時として、群集がまちがっているという結論に誰もが達したようになることがある。つまり、逆張りそのものが流行となり、群集の行動と誤解される可能性がある。

●最後に、群集と正反対の行動をとるだけでは不十分である。コンセンサスとは異なる見解を持つよう意識することは利益を生み出す可能性を秘めているが、逆張りに関するこれらの諸問題を考えると、しかるべき根拠と分析に基づくものでなければならない。群集とは正反対の動きだから、という理由だけで逆張りを行うのではなく、なぜ群集がまちがっているのか理解したうえで行わなければならない。そうすることで初めて、自分のやり方がまちがっているように見えるときや、利益よりも損失が生じているようなときにも、信念を貫く（そして、買い増す）ことができるのだ。

デイビッド・スウェンセンはイェール大学年金基金の最高投資責任者（ＣＩＯ）である。同基金は際立った投資パフォーマンスを達成しつづけており、スウェンセンは過去二〇年にわたって、その運用に誰よりも強い影響力を及ぼしてきた。その投資哲学は、イェール大学で採り入れはじめた一九八〇年代当時においては非常に型破りなものだったが、やがて年金業界のバイブルとなった。スウェンセンは逆張りの難しさを、以下のように巧みに表現している。

〝投資で成功するには、一般的な見方と相容れないために居心地の悪さを感じるポジションを貫き通す必要がある。深く考えずにポジションをとるポートフォリオ・マネジャーは、やはり深く考えずに方針をころころ変えてしまい、高値で買って底値で売るという手痛い二重の過ちを犯す。強固な意思決定プロセスによって摑んだ自信があってこそ、投資家は投機的な高値で売りぬけ、周りが投売りしているときに、掘り出し物を買うことができるのだ。

……アクティブ運用戦略は、組織に組織的とは言えない行動を要求する。これは、ほとんど解決不能なパラドックスだ。型破りな投資方針を確立し、維持するには、居心地の悪さを覚える奇抜なポートフォリオを受け入れなければならない。それは多くの場合、常識に照らし合わせれば、無分別としか言いようのないものである〟

（二〇〇〇年、デイビッド・スウェンセン著『勝者のポートフォリオ運用』〔原題は『ポートフォリオ運用を開拓する』〕）

究極的に最も儲かる投資行動は、文字どおり「逆張り」することだ。周りがみな売っている（そして、そのために価格が安い）ときに買い、周りがみな買っている（そして、そのために価格が高い）ときに売るのである。これは孤独で、スウェンセンが言うように居心地の悪さを感じる行動だ。では、なぜ反対（つまりコンセンサス）の行動をとれば居心地が良いと思うのか。それは、ほとんどの人がそうしているからだ。

投資の最もおもしろいところは、パラドックスに満ちている点だと思う。誰の目にも明らかに見えることが、まちがっていたと判明するケースのなんと多いことか。

投資の世界で常識とされてきたことが通用したり、しなかったりすると言いたいのではない。実際はもっと単純ではるかにシステマティックだ。ほとんどの人は並外れたカネ儲けの可能性が生み出されるプロセスのことを理解していない。

幅広い投資家層に明白だと思われていることは、ほぼすべてがまちがっている。ある投資について形成されたコンセンサスは、その投資の利益の可能性を打ち消す傾向がある。たとえば、誰もがすばらしい成果をもたらすと信じる投資のアイデアだ。そのようなものは絶対にありえないと私は考える。

●誰もが気に入っているのであれば、それはおそらく、それまでに良いパフォーマンスをあげてきたからだろう。ほとんどの人は、今までのすばらしいパフォーマンスを、将来のすばらしいパフォーマンスの前触れと考えるようだ。実際には、今までのすばらしいパフォーマンスはむしろ将来のパフォーマンスが前倒しされたものであり、その後の平均以下のパフォーマンスの前触れと言える。

●誰もが気に入っているのであれば、その価格には称賛の要素がすでに織り込まれており、そこからさらに価格が上昇する公算はどちらかというと小さい（もちろん、「過大評価」されているものが、「さらに過大評価」される場合もあるが、私はそのような状況が生じることをあてにしたくはない）。

●誰もが気に入っているのであれば、それはすでに開拓しつくされた（そして、巨額の資金が投じられてきた）分野である公算が大きく、お買い得品はそれほどたくさんは残っていないだろう。
●誰もが気に入っているのであれば、群集が総意を変化させ、売りに動いた場合に、価格が下落するリスクはきわめて大きい。

すぐれた投資家は、価格が本来の価値を下回っている資産に気づく（そして買う）。そのような価格になるのは、ほとんどの人がその資産の真価に目を向けていないときだけだ。ヨギ・ベラの有名な迷言に「あんなレストランにはもう誰も行かないだろう。何しろ混みすぎている」というのがある。「誰もがその資産はお買い得だと知っている」と言うのは、これと同じぐらいナンセンスである。誰もが知っているのなら、みなが買いに動き、価格は安くなくなってしまうはずだ。誰もが気に入っているものを買っても大儲けはできない。誰もが過小評価しているものを買わなければならないのだ。

まとめると、すばらしい投資成果をあげるために重要な要素は二つある。
●ほかの者が気づいていない、あるいは評価していない（そして、価格に織り込まれていない）資産の値打ちに目を向ける。
●実際にその値打ちがあることがやがて判明する（もしくは、少なくとも市場でそのように認識される)。

一番目の要素から、並外れて洞察力に富み、機敏で、常識にとらわれない型破りな投資家でなければ、成功する投資の道に踏み入ることはできない、とわかるだろう。だからこそ、すぐれた投資家は多くの時間を孤独にすごしていると言われるのだ。

二〇〇七年四月二六日付　顧客向けレター「誰もが知っている」より

二〇〇七～二〇〇八年の世界金融危機は、これまで私が体験した中で最も深刻な危機だった。そこから得た教訓は数多く、本書でも数章にわたり、さまざまな側面から論じている。私にとっての収穫の一つは、逆張り思考に必要な懐疑主義について、新たに学ぶところがあった点だ。私はふだん、ひらめきを得るタイプの人間ではないが、懐疑主義という論点については悟ったことがあった。

バブルがはじける、強気相場が崩壊する、あるいは「銀の弾丸」が効かなくなるたびに、人々は自分たちの失敗を嘆く。そうなることを強く気にかけている懐疑主義者は、事が起きる前にまちがった思い込みを認識し、群集と同じようにそれを受け入れてしまうことを避けようとする。だから、投資における懐疑主義とは、投資ブームや強気相場の熱狂、ポンジ・スキーム（高配当の投資とうたって資金を集めるが、実際には新規の投資家の出資金を既存の投資家への配当に回すだけの詐欺行為）を拒絶することを通常は意味する。

私がひらめきを得たのは、世界金融危機が大底に近づいた二〇〇八年一〇月半ばのことだ。そのころには、かつてはまったく想像もつかなかったさまざまな出来事が発生していた。

●リーマン・ブラザーズが経営破綻し、ベアー・スターンズ、フレディマック、ファニーメイ、AIGが救済された

●ゴールドマン・サックスとモルガン・スタンレーの存続が危ぶまれ、両社の株価が暴落した

●米国債のクレジット・デフォルト・スワップ（CDS）のスプレッドが拡大した

●「安全への逃避」買いが急激に進み、短期米国債の金利がゼロに近い水準まで低下した

●米国政府の金融資源が有限で、紙幣を増刷して問題を解決する能力に限界があることが、おそらく初めて認識された

リーマン・ブラザーズが破綻した直後、これから悪循環が続くことは容易に見てとれた。それがいつ、どのようにして終わる可能性があるのかは、誰にもわからなかった。状況は本当に深刻だった。悲観的すぎると否定されるシナリオは存在せず、少しでも明るい要素が織り込まれたシナリオはみな楽観的すぎるとはねつけられた。

そこにはもちろん一抹の真理もあった。絶対にありえないことなどないのである。ただし、未来に対処するうえで、我々は二つのことを考える必要がある。①何が起こりうるか、②それが起きる確率はどれぐらいか、である。

危機のさなかでは、悪いことがたくさん起きそうに思える。だが、そう思えることと、それら

が実際に起きることとは別である。人は危機時にその区別ができなくなるのだ。

過去四〇年にわたり、私は投資家心理の振り子が（すでにおなじみのフレーズだが）恐怖と強欲の間、楽観主義と悲観主義の間、軽信と懐疑主義の間を、激しく揺れ動くさまを見てきた。一般的に、群集の見方（そして振り子の振動）に従って動けば、長期では平均的なパフォーマンスをあげることができるが、相場の極端な状況では大損をする可能性もある。

もし、ほかの者がみな信じている筋書きを自分も信じるのなら、周りと同じように動くだろう。多くの場合、高い価格で買って、低い価格で売ることになる。リスクを負わずに高いリターンが達成できるという「銀の弾丸」伝説にだまされるのだ。また、これまでのパフォーマンスが良い銘柄を買って、悪い銘柄を売るだろう。そして、暴落時に損失を出し、大底からの回復期に利益をあげるチャンスを逃すのだ。つまり、一匹オオカミではなく迎合者、逆張り投資家ではなく順張り投資家となるのである。

懐疑主義とは、バランスシートや、最新の画期的な金融工学商品、あるいは「絶対に損をしない話」の裏を読む際に必要なものだ。疑い深い人でなければ、魅力的に見えて本当に魅力があるものと、魅力的に見えても実際にはそうでないものを見分けることはできない。私の知るすぐれた投資家たちは、まさにこうした資質を持っている。それは絶対に不可欠な条件なのだ。

レバレッジに大きく依存していた投資家の身には、（ありえないとは言わないまでも）ありそうもないと考えられていた悪いことがたくさん、しかも同時に起こり、それが信用危機へとつながった。短絡的に言えば、信用危機でやけどした人々は、十分に懐疑的（あるいは悲観的）ではなかった、ということになる。

だが、ここでふと気づいたことがある。懐疑主義と悲観主義は同義語ではない。楽観主義が行き過ぎたとき、懐疑主義は悲観主義をもたらす。一方で、悲観主義が行き過ぎたとき、懐疑主義は楽観主義を呼び込むのだ。

信用危機が谷底に達した先週、楽観的な者はほとんどいなかった。程度の差はあれど、ほとんどの人は悲観的だった。「そんな悲惨なシナリオは実現しそうにない」と懐疑的になる者はいなかった。誰も積極果敢に買いに行こうとはしなかった。だから、株価は一度に数ポイントというペースでどんどん下がった（古い相場用語で言うと、「ギャップダウン」（前日の安値よりも低い値で寄り付き、さらに下落する）が起きた）。

いつも言うように、カギとなるのはみんなの言動を懐疑的な目で見ることだ。悲観的なシナリオには抗しがたい力があるかもしれないが、利益をあげる可能性をより多く秘めているのは（信じる人がほとんどいない）楽観的なシナリオなのだ。

二〇〇八年一〇月一五日付　顧客向けレター「否定主義の限界」より

何がまちがっているのかは明らかだ。群集がピークで楽観的になり、谷底で悲観的になることである。したがって利益をあげるには、ピークで幅をきかせる楽観主義と、谷底で蔓延する悲観主義に疑いの目を向けなければならない。

二〇〇九年一一月一〇日付　顧客向けレター「試金石」より

通常、懐疑主義と言うと、しかるべきときに「そんなうまい話があるわけない」と疑問視することだと考えられる。だが、私は二〇〇八年に悟った（そして今、振り返ってみても明らかだと思う）。時として、「そんなひどい話があるわけない」と懐疑的になる必要もあるのだと。

オークツリーが二〇〇八年第4四半期に購入した格安のディストレスト・デット（財務内容が悪化した企業の債権）の大半は、その後一八カ月で五〇～一〇〇％超のリターンを達成した。当時のような苦境で買いを決断することはきわめて難しかったが、「そんなひどい話があるわけない」と考える者はほとんどいないと気づいたら楽になった。あのとき、楽観的になって買いに動いたのは、究極の逆張り行動だったのだ。

私が知る投資の成功例には、はっきりとした共通点がある。多くの場合、挑戦的な逆張りで、居心地の悪さがつきまとう（経験豊かな逆張り投資家は、群集とは異なるポジションをとることにむしろ居心地の良さを感じるようだが）。たとえば、債券市場が崩壊すると、ほとんどの人は「落下するナイフを摑むようなまねはしない。危険すぎるから」と言う。そして、だいたいの場合、「混乱がおさまり、不透明感が消えるまで待つ」と続ける。要するに恐怖を感じていて、何をすべきかわからないのである。

一つ確信を持って言えるのは、ナイフが床に落ち、混乱がおさまり、不透明感が消えるころには、超お買い得品はまったく残っていないということだ。買うことが心地よいと思えるようになったころには、価格は超お買い得と言えるほど安くはなくなっている。したがって、居心地の悪さをともなわない利益率の高い投資というのは、だいたいが矛盾した話なのだ。

逆張り投資家として、願わくば用心深さとスキルを携えて落下するナイフを摑みにいくのが我々の仕事だ。だからこそ、本質的価値という概念が非常に重要な意味を持つ。本質的価値に対する考えを維持し、周りがみな売っているときに買うことができれば（そして、それが正しい判断だったと判明すれば）、それこそが最も少ないリスクで最も高い利益をあげる方法なのである。

12 掘り出し物を見つける

最良の機会は、たいてい周りのほとんどの人が気づいていないものの中から見つかる。

賢明なるポートフォリオ構築のプロセスは、特に収益性が高い資産を買い、それらを買う余地を作るために収益性の劣るものを売り、最も収益性の低い資産は避けることからなる。このプロセスを実現するために必要な材料は、①投資先候補のリスト、②それらの本質的価値の推定、③それらの価格が本質的価値と比べてどうなのかという感覚、④それぞれの投資にともなうリスクと、それらを組み入れることによるポートフォリオへの影響に対する理解、である。

通常、ポートフォリオ構築の第一歩は、投資対象がある種の絶対的な基準を満たしているかどうか確認することだ。いくら洗練された投資家でも、「十分に安ければ、何でも買う」とは言わないだろう。たいていは、それぞれが設けた最低基準を満たす投資先候補のリストを作成し、その中から特にお買い得なものを選び出す。本章で論じるのは、このプロセスの話である。

たとえば、リスクが許容範囲内にある投資対象に候補を絞ることから始める投資家もいるだろう。一部の投資家にとって受け入れにくいリスクもありえるからだ。例を挙げると、めまぐるしく進化するハイテク分野での陳腐化リスクや、流行り廃りの激しい消費者製品での人気低下リスクなどだ。これらのリスクは自分の専門知識をもってしてもどうにもならない問題だ、と考える投資家もいるだろう。また、業界全体の先行きが予測不能である、企業自体の財務内容に不透明なところがある、といった理由から、投資対象として絶対に許容できない企業を挙げる投資家もいるだろう。

リスクが一定の範囲内におさまる資産を重視したがるのは、理屈に合わない行動ではない。市場できわめて安全とみなされる証券は、平凡なリターンしか生み出さない可能性がある。一方、非常に危険とされる証券のリスクは、投資家のリスク許容範囲を超えているかもしれない。つまり、価格のいかんにかかわらず、投資家が買いに動かない資産が存在することは十分にありうるのだ。

投資家がとりたがらないリスクだけでなく、その顧客がとってほしくないと考えるリスクもありうる。特に資産運用の世界では、運用マネジャーが顧客に「カネは出すから、やりたいように投資してくれ」と言われることはめったにない。マネジャーはただ利益が見込まれる資産に投資すればよいのではない。ほとんどの場合、顧客は特定のアセットクラスや投資スタイルを指定したうえで運用を依頼するのであり、マネジャーはその要望に応えなければならないのだ。もし顧客がある一種類の資産への投資を依頼してきたのであれば、ほかに魅力的な資産があったとしても、それに投資することにより得られるものはほとんどない。たとえば、大型優良割安株投資での専門性をもとに資金を集めたマネジャーが、ハイテク新興企業の一群に投資すれば、職を失うリスクも生じる。

したがって、ポートフォリオ構築の第一歩においては、あらゆる資産が対象になるわけではない。現実的な組み入れ候補となるものもあれば、候補から除外されるものもあるのだ。

「実行可能なリスト」が固まったら、次にその中から実際に投資する対象を選別する。具体的には、リスクに対する潜在リターンの比率が特に高いもの、あるいは特に割安感が強いものを見つけ出す。これは、かつて私がシドニー・コトル（グレアム、ドッド著『証券分析』改定版の共著者）から聞いた「投資は相対選択の学問だ」という言葉が意味するところである。この言葉は、三五年経った今でも私の胸に残りつづけている。

コトルのこの簡潔なフレーズには二つの重要なメッセージが込められている。第一に、投資プロセスは厳格で規律正しくなければならない。第二に、投資プロセスは必然的に相対的なものとなる。価格は落ち込んでいるか、高騰しているか、したがって予想リターンは高いか、低いかを考え、選択肢の中から最良の投資を見つけ出さなければならない。市場そのものを変えることはできないのだから、そこで投資をしたいのなら、実在する候補の中から最良のものを選ぶしか道はない。つまり、相対比較することによって判断を下すのである。

理想の投資を実現するための条件とは何だろう。4章で述べたように、それは概して価格にかかわることだ。我々の目標は優良な資産を見つけるのではなく、掘り出し物を探し当てることである。つまり、何を買うかではなく、いくらで買うかが問題だ。質の高い資産は掘り出し物にも、つまらない買い物にもなりうる。質の低い資産も同様だ。たいていの投資家は、客観的に見た資産の質の高さを投資機会と勘違いしたり、優良資産とお買い得品の区別がつかなかったりする傾向があり、そのせいでうまくいかなくなるのだ。

掘り出し物を探すのが目標であるため、どのような資産がお買い得なのかを説明することが本章の主な目的となる。一般に、お買い得とは価格が本質的価値との相対比較で見て低いこと、そして予想リターンがリスクとの相対比較で見て高いことである。では、掘り出し物はどのようにして生まれるのだろうか。

10章では、ファンダメンタルズ面ではすばらしかった投資アイデアが、いかに過大評価のバブルに変わりうるかを示す一例として、ハイテク株ブームを取り上げた。バブルはいつも客観的に見て魅力がある資産の存在が発端となる。その資産に対する評判が上がるにつれて、手に入れたいという人々の気持ちが高まってくる。そして、資金がそこに流れ込み、価格が上昇する。人々は価格上昇を、その資産がすぐれている証拠と受け止め、さらに買い増す。それまでその資産のことを知らなかった者も、評判を聞いて輪に加わり、上昇トレンドは果てしない好循環であるかのように見えてくる。それはまるで、その資産が勝者となる人気投票のようだ。

こうした投資スタイルが長く続き、勢いを増しつづけるとバブルになる。そして、バブルは思慮深い投資家に、さまざまな資産を売ったり、空売りしたりする機会をもたらす。

掘り出し物が生まれるプロセスは、おおむねその逆である。したがって、掘り出し物を見つけるには、資産がどのように人気を失っていくのかを理解することが不可欠だ。人気低下は必ずしも分析的なプロセスの結果、起きるのではない。むしろ、ほとんどの場合、分析しがたいプロセスによるものだ。つまり、その背景に働く心理的な力と、それを突き動かす評判の変化について考えることが重要である。

それでは、どのようにして価格は本質的価値との相対比較で見て低くなり、予想リターンはリスクとの相対比較で見て高くなるのか。言い換えると、資産がしかるべき水準よりも低い価格で売られるようになるのはなぜか。

●ブームの対象となる資産と異なり、掘り出し物となる可能性を秘めた資産には、もともと客観的に見て何らかの欠点がある。たとえば、そのアセットクラス自体があまり魅力的ではない、その企業が業界内で弱い位置にいる、負債依存度が高すぎる、保有者にとって仕組み上、十分に保護されていない証券である、といった点だ。

●効率的市場においては、分析力と客観性を持った人々がかかわることで公正な価格が設定される。したがって、掘り出し物が生じる背景にはいつも非合理性、または理解不足がある。つまり、掘り出し物は往々にして、投資家が資産を公正に評価していない、表面的なことにとらわれて内実まで理解していない、バリューに基づかない昔ながらのアプローチや先入観、制限から抜け出せない、といった状況で生まれるのだ。

●市場の人気を集める資産と異なり、不人気資産は存在を無視されたり、毛嫌いされたりしている。メディアやカクテルパーティーの場で話題にのぼったとしても、出てくるのは好ましくない評判である。

●たいていの場合、不人気資産の価格は低下基調をたどっているため、一次的思考しかできない者は「買いたいと思う人はいるのか」と疑問に思う（繰り返しに値するから改めて言うが、ほとんどの投資家は過去のパフォーマンスを未来にも当てはめ、はるかに起こる確率が高そうな「平均値への回帰」よりも、現在のトレンドが続くことを見込む。一次的思考をする者は、それまでの価格低下をその資産が割安になった証拠としてではなく、懸念材料とみなす傾向がある）。

●これらの背景から、掘り出し物はきわめて不人気の資産である傾向が強い。資本はそこに近寄ろうとしなかったり、あるいはそこから逃避したりし、誰もそれを保有することなど考えられない。

以下に、アセットクラス全体の人気がなくなると、掘り出し物が生まれるという例を挙げよう。

過去六〇年における債券の人気低下は、株式の人気上昇と対をなしている。株式がスポットライトを独占するようになった一九五〇〜一九六〇年代に、債券は勢いを失った。一九六九年末、ファースト・ナショナル・シティ・バンクの債券データ週報は、「最終号」という囲みつき見出しの号で、その歴史に幕を閉じた。一九七〇年代の高金利環境で債券は虫の息となり、一九八〇年代から一九九〇年代にかけて金利が徐々に低下するなかにあっても、急騰する株式に太刀打ちできなかった。

一九九〇年代後半には、株式ではなく債券への投資が、パフォーマンスの向上を阻止する碇《いかり》のような存在ととらえられた。当時、ある慈善基金の投資委員会の会長を務めていた私は、（何年もの間、債券八〇対株式二〇という配分比率で運用難に苦しんでいた）別の町の姉妹組織が、債券ゼロ対株式一〇〇へと配分を変更するのを目の当たりにした。そのとき、一般的な機関投資家は次のような嘆きの声を上げているのだろうと思ったものだ。

〝当社ではある程度、債券に資金を配分することになっているが、なぜそのような方針なのかは説明できない。過去の成り行きだったのだ。決めたのは前任者で、どういう理由だったのか、今となっては闇の中である。現在、保有している債券については、削減の方向で見直し中だ〟

この一〇年間、株式買い増しへの関心が低い状況が続いてきたにもかかわらず、高格付債への資金流入はほとんど起きなかった。債券の人気が低下しつづけてきた原因は、何よりもグリーンスパン時代の連邦準備制度理事会（ＦＲＢ）が、経済を活性化させ、（二〇〇〇年問題のような）外的ショックに対抗するために低金利を維持すると決定したことにある。米国債と高格付債の利回りはわずか三〜四％で、八％のリターンをめざす機関投資家の手助けにはならない。
二〇一〇年九月一〇日付　顧客向けレター「スカート丈と相場」より

右記のようなプロセスが長らく続き、投資家がその配分比率を著しく引き下げたあと、債券はすばらしいパフォーマンスをあげる資産へと生まれ変わった。きっかけとなったのは、投資家が上昇余地よりも安全性に対する選好を強めるような環境の変化であった。そして、ある資産の価格がしばらくの間、上昇するといつもそうなるように、投資家はある日突然、債券の魅力を認識し、自分たちがあまり保有していないことに気づいたのだ。こうしたパターンが、いつも早い段階でその資産に目をつけていた者へ利益をもたらすのだ。

≀　≀　≀

我々の目的は、公正な価格がついた資産を見つけることでは断じてない。そのような資産は、付随するリスクに見合ったリターンしか生み出さないと考えるのが妥当だからである。また、割高な資産への投資が何の足しにもならないことは言うまでもない。

めざすは割安な資産を見つけ出すことだ。では、どこで探せばよいのか。手始めに以下のようなものに目をつけるとよいだろう。

●あまり知られておらず、十分に理解されていない
●一見してファンダメンタルズ面で疑問点がある
●議論の的になっていたり、反規範的と見られていたり、恐れられていたりする
●「真っ当な」ポートフォリオに組み入れるには不適切とみなされている
●正しく評価されていなかったり、人気がなかったり、ないがしろにされていたりする
●リターンが低迷しつづけている
●このところ、買い増しよりも削減の対象になっている

これらすべてを一文でまとめるとこうなる。人々が実態よりも著しく悪い印象を抱いている状況でなければ、掘り出し物は生じえない。つまり、最良の機会は、たいてい周りのほとんどの人が気づいていないものの中から見つかる。結局のところ、誰もが良いと感じ、喜んで買おうとするものに、お買い得価格はつかないのだ。

一九七八年、シティバンクの株式調査部門からポートフォリオ運用部門に異動した私は、幸運にもこれらの条件の一部あるいはすべてを満たすアセットクラスの運用を任された。最初に手がけたのは転換社債である。転換社債市場は今よりもさらに規模が小さく、過小評価されていた未開拓地だった。転換社債は投資家に債券と株式双方のメリットを提供するものであったため、発行されるのは、コングロマリット、鉄道会社、航空会社など、他の資金調達手段に事欠く弱体企業が最後の頼みの綱とする場合だけだった。主流の投資家は、転換社債のことを不必要に複雑な性質の商品だと感じてい

た。債券と株式双方の特徴を取り入れたいのなら、債券と株式の両方に投資すれば済む話ではないか。また、その企業が気に入ったのであれば、ディフェンシブな複合型商品ではなく、株式そのものを買って、すべてのリターンを手に入れればよいではないか。そんな声が聞こえてくるようだった。しかし、誰もが何の得にもならないと感じている資産があったら、それがないがしろにされ、求められておらず、それゆえに過小評価されている可能性があると疑ってみるべきだ。一九八四年にビジネスウィーク誌の記事で引用された「おとなの投資家は転換社債を買わないから、私のような若造が安く買える」という私の発言は、そうした考えを反映したものだった。

話を一九七八年に戻そう。それから私はハイイールド債ファンドの運用を任されるようになった。「ジャンク債」という不名誉な俗語で呼ばれていた低格付けのハイイールド債は、ほとんどの機関投資家の「投資適格」、「シングルA以上」といった運用対象の最低基準にそぐわなかった。債務不履行《デフォルト》の可能性があるジャンク債を、年金などの基金が適正な投資資産として保有できるわけがない。もし、ある基金が投機的格付けの社債に投資し、それがデフォルトした場合、その基金は前もって危険だと知りながら投資したことを非難され、顰蹙《ひんしゅく》を買うに違いない。ただ、ある格付機関がシングルB格の債券のことを「望ましい投資対象としての特徴を概して欠いている」と定義したあたりに、ハイイールド債の将来性を示す大きな手がかりがありそうだった。ここまで読んだ読者なら、「価格の話が出ていないのに、投資対象となりうる資産を頭から否定するわけにはいかないのでは」と、すかさず問うだろう。その後、ハイイールド債がたどった道のりは、①まだ誰も持っていない目新しいものに対する需要（とその価格）は高まる一方であり、②タブーだったものが許容範囲内に入ったというだけで、すばらしいパフォーマンスを達成しうる、ということを示している。

一九八七年、私のパートナーであるブルース・カーシュとシェルドン・ストーンが、ディストレスト・デットに投資するファンドを作ろうというとびきりのアイデアを持ちかけてきた。倒産した、あるいは倒産する可能性が著しく高い企業の債券に投資するほど、反規範的で、まともとは言いがたい行為があるだろうか。すでに財務力の欠如と経営基盤の弱さが明らかな企業に、いったい誰が投資するのだろう。落ちぶれていくだけの企業に責任を持って投資できる者がいるのか。もちろん、投資家の行動を考えれば、ある時点で最悪の選択肢とみなされている資産は、最も割安な資産となる可能性が高い。投資におけるお買い得品は、質の高さとは無関係でもよいのだ。むしろ、質の低さのせいで投資家が逃げ出すような資産ほど、割安になる傾向が強い。

私が携わってきたこれらのアセットクラスは、前述した条件の大半あるいはすべてを満たしていた。あまり知られておらず、理解も尊重もされていなかったこれらの資産について、良いことを言う者は皆無だった。どれも、11章で紹介したデイビッド・スウェンセンが言うところの「居心地の悪さを覚える、型破りで無分別に思える投資先」そのものであった。だが、やがて大化けし、その後二〇〜三〇年にわたり、すぐれた投資先としての地位を維持してきたのである。こうした大がかりな事例が、掘り出し物のありかを知るための良いヒントになればと思う。

≀ ≀ ≀

掘り出し物は不当なまでに価格が低く、したがってリスクに対するリターンの比率が異常に高いため、投資家にとっての「聖杯」である。2章で詳述した理由から、こうした資産は効率的市場には存在するはずがない。ただし、私のこれまでの経験をもとに言えば、掘り出し物は日常的にあるものではないが、その存在を排除するであろう要因がうまく機能しないこともしばしばある。

我々はアクティブ投資家である。すばらしい投資機会を見極めれば市場に勝てる、と信じているからだ。一方で、「絶好のお買い得品」とうたわれるものの多くは、あるはずがないうまい話であり、それらを避けることが投資で成功するための必須条件となる。したがって、他の多くのことと同じように、アクティブ投資を後押しする楽観主義と、市場は効率的という仮定から生まれる懐疑主義とのバランスをうまくとらなければならない。

心理的な弱さや分析上の誤り、あるいは不安定な足場に立つことへの抵抗感から、投資家が過ちを犯してしまう可能性があることは明らかだ。そうして生まれた過ちが、他者の誤りに気づくことができる二次的思考者に掘り出し物を提供するのである。

13

我慢強くチャンスを待つ

市場はそんなに融通の利く機械ではない。欲しいからという理由だけで、高いリターンをもたらしてはくれない。

ピーター・バーンスタイン（投資コンサルタント）

世界金融危機をもたらしたバブルの誕生と崩壊のサイクルは、二〇〇五年から二〇〇七年初頭にかけては非常に割高な水準で売るチャンスを、二〇〇七年後半から二〇〇八年にかけては投売り価格で買うチャンスを我々にもたらした。これはいろいろな意味で一世一代のチャンスだった。サイクルに逆行して動く逆張り投資家は、ここぞとばかりに違いを見せつけた。だが、本章における論点の一つは、良いチャンスはつねにあるわけではなく、あまり動かずに状況を見極めることが、時として最善策になるという話だ。掘り出し物が出てくるのを我慢強く待つことが、最良の戦略となる場合も少なくないのである。

秘訣を教えよう。積極果敢に動くよりも、資産のほうがこちらへ向かってくるのを待ったほうが、良いパフォーマンスをあげられる。売り手が積極的に売ろうとしているものの中から買うものを選んだほうが、自分で「これが欲しい」と決めたもののリストに基づいて投資するよりも、高いリターンが得られる傾向があるのだ。機を見るに敏な投資家は、お買い得価格で売られているから、という理由で投資する。価格が安くないときに買っても、うまみはないのである。

オークツリーのモットーの一つに「我々が投資先を探すのではない。向こうが我々を見つけるのだ」というのがある。我々は積極的に動かないようにしている。「買いたい物リスト」を携えて物色するようなことはせず、むしろ電話が鳴るのを待っている。もし我々のほうから資産Xの所有者に電話をかけて「あなたが持っているXを買いたいのだが」と話せば、価格は上がってしまう。だが、所有者側が電話をかけてきて、「Xのせいで泥沼にはまっている。手放したいのだが」と言えば、価格は低下する。このように我々は、自発的に取引を始めるよりも、良いチャンスにめぐりあったときに、それに応じるやり方を好む。

どんなときでも投資環境そのものは変えられず、それを受け入れて、その中で投資する以外に道はない。振り子、つまりサイクルは、逆張りするのにふさわしい極端な状態にいつもあるわけではない。強欲と恐怖、楽観主義と悲観主義、軽信と懐疑主義が均衡し、一見してわかる過ちが生じていないときもある。たいていのものは、見るからに割高だったり割安だったりするよりも、おおむね公正な価格がついているように見えることのほうが多いだろう。そのような場合には、貴重な掘り出し物や絶好の売りどきにはめぐりあえないかもしれない。

投資を成功させるには、市場の状態を把握し、それに応じてどう動くか決めることが必要不可欠だ。ほかに①市場の状態を見極めることなく行動する、②市場の状態とは無関係に行動する、③自らの力でどうにか市場の状態が変えられると信じる、といった選択肢があるが、どれもきわめて無分別な振る舞いである。今の状況にふさわしいやり方で投資しなければならない、というのは完璧に筋の通った話だ。というより、ほかのどんなやり方もまったく道理にかなっていないのである。

私がこのように考えるようになったのは、哲学的な背景からである。

一九六〇年代半ば、ウォートン・スクールの学部生は、経営学以外の副専攻科目の履修を義務づけられていた。そのため、私は日本学の五科目を受講した。意外にも、その勉強は私の学生生活のハイライトとなり、やがて私の投資哲学に大きな影響を及ぼした。

古典的な日本文化の中で大事にされてきた価値観に「無常」がある。私の理解では、無常の古来の定義は「『法輪の回転』を知る」であり、変化や栄枯盛衰は避けられないと受け入れることを示している。言い換えると、無常とは、サイクルが上下動し、物事が現れたり消えたりし、環境が我々のコントロールが効かない形で変化することを意味している。だから、我々はそれを認識し、受け入れ、そうした変化に対処や対応をしていかなければならない。これはまさに投資の本質ではないだろうか。

過去は終わったことであって、やり直しはきかない。その過去があったから、今、我々が直面している状況が生まれたのだ。我々には、現状を認識し、現状で可能な最良の判断を下すことしかできないのである。

二〇〇六年三月二七日付　顧客向けレター「これが現状だ」より

ウォーレン・バフェットの投資哲学は、私のものほど宗教的な要素にかかわってはいない。バフェットは、「無常」のかわりに野球を引き合いに出し、投資哲学を語っている。

一九九七年のバークシャー・ハザウェイの年次報告書で、バフェットはテッド・ウィリアムズについて触れた。ひょろ長い風貌と華麗なスイングから「スプレンディッド・スプリンター（華麗なるトゲ）」のあだ名で呼ばれたウィリアムズは、打率四割という偉業を達成した球界史上屈指の打者である。その成功の一因は、自身の打撃を徹底的に研究した点にあった。ウィリアムズはボール一個の大きさをもとにストライクゾーンを七七分割し、それぞれのゾーンに来た球に対する打率の記録をつけた。そして、自分が得意とするゾーンに来たボールだけに狙いを絞ると、打率が格段に上がることをつきとめたのである。もちろん、そのようなデータを知っていても、絶好球が来るのを一日中待っているわけにはいかない。得意なゾーンではないところに来た球も、三回見送れば見逃し三振でアウトになってしまう。

バフェットはずいぶん昔から、ウィリアムズを引き合いに出し、投資哲学を語っている。一九七四年一一月一日号のフォーブス誌では、チャンスを摑みさえすればよい投資家は、ウィリアムズよりはるかに有利だと指摘した。投資家の場合、見逃し三振でアウトになることはないから、動かねばというプレッシャーを感じずに済む。絶好のチャンスが訪れるまで、ほかの投資機会を何度見送っても大丈夫なのだ。

〝バットを振らなくてもよい投資は、世界で最も偉大なビジネスだ。打席に立つと、ゼネラル・モーターズ（GM）株が四七ドルのゾーンに、USスティール株が三九ドルのゾーンに、といった具合に球が投げ込まれる。「ストライク」とコールする審判はいない。そして、機会を逃すこと以外に不利益は生じない。日がな一日、絶好球が来るのを待つことだってできる。そして野手が眠りについたころ、一歩踏み込んで、やってきた絶好球を打てばよいのだ〟

二〇〇三年九月五日付　顧客向けレター「あなたのゲームプランは？」より

〜　〜　〜

投資のすばらしさの一つは、損を出す投資をした場合にしか、目に見える形で不利益を被ることはない点だ。損を出す投資をする機会を見送った場合、それはもちろん不利益にはならず、むしろ得をしたことになる。そして、儲かる投資機会をいくつか逃したとしても、耐えられないほどの痛みは生じない。

儲かる機会を逃した場合の不利益とは何だろうか。投資家は概して負けず嫌いであり、儲けたくて投資している。したがって、儲かる機会を逃してもまったく平気でいられる者はいないだろう。

他人の資金を運用して収入を得ているプロの投資家の場合、一般の投資家よりも大きな不利益を被る。あまりにも多くの投資機会を逃せば、そして、相場が良い時期に低すぎる運用リターンを記録すれば、運用マネジャーは顧客から突き上げを食らったり、さらには顧客を失ったりする可能性もある。不利益の程度は、顧客にどれだけの心構えをしてもらっているかで大きく左右される。オークツリーでは、「儲かる投資機会を逸することは、損をする投資に手を出すほど重要な問題ではない」という信念を、日ごろから明確に打ち出している。このため当社の顧客は、儲かる投資すべてに手を出すことよりリスクのコントロールを重視した結果、生じる成績について心構えができている。

バットを肩にかついで打席に立つのが、バフェット流の「我慢強くチャンスを待つ」やり方だ。バットが肩から離れるのは、リスクが制御された儲かる投資機会が訪れたときだけだ。そのための選別眼を身につける方法の一つは、最大限の努力をして、今いるのが低リターンの環境なのか、高リターンの環境なのかを確実に把握することだ。

数年前、私は低リターン環境で使える「猫と木とアメとムチ」というたとえ話を思いついた。猫は、低リターンの投資環境下でリターンをあげることを仕事とする投資家だ。木は投資環境の一部である。アメは追加的なリスクを受け入れるためのインセンティブであり、よりリスクの高い資産に投資することで得られそうな高いリターンのことだ。そしてムチは安全性に見切りをつける決心を促す要因であり、より安全な資産に投資した場合の控えめな予想リターンがそれに当たる。
アメは、ごちそう（目標リターン）にありつけるよう、猫をより高い枝（より高リスクの戦略）へとおびき寄せ、ムチは、猫を木の高いところへと追い立てる。地面に近いほうにとどまっていては、ごちそうにありつくことはできないのだ。

アメとムチの両方を合わせて使えば、最終的に猫を足場の不安定な木のてっぺんまで登らせることができる。このたとえ話で非常に重要なポイントは、低リターンの環境であっても猫が高リターンを追い求め、（たいていは知らず知らずのうちにであるが）追加的なリスクという産物を受け入れる点だ。

債券投資家は、このプロセスを「利回りの追求」あるいは「リターンの追求」と呼ぶ。もともとは、安全な債券の価格が上昇し、利回りが低下している状況で、よりリスクの高い債券に投資して、相場が上昇する前に得ていたリターンの水準を確保しようとする場合に使われた言葉だ。同じように、リターンの水準を保持する目的で、新たにより高いリスクをとろうとする動きは、サイクルの中で繰り返し起きている。「リターンの追求」に動く投資家は、「安全な資産への投資で必要とするリターンが得られないのなら、リスクの高い資産に投資して追い求めるべし」というモットーを掲げているようだ。

このような投資家の行動は、二〇〇〇年代半ばにも見られた。

（信用危機が起きる前）投資家はレバレッジの甘い誘惑に乗せられて、低利で短期の資金を借り

ていた。借入期間を短くすればするほど、金利はさらに低くなった（月ごとの返済を約束すれば、低利で借りることができる）。投資家はその資金で、非流動性リスクとファンダメンタルズ・リスクのどちらか、あるいは両方が付随するために借入金利よりも高いリターンを提供する資産を購入した。そして世界中の機関投資家が、ウォール街が新たに生み出した二つの「銀の弾丸」に飛びついた。低リスクで高いリターンが得られるという証券化商品と仕組み金融商品である。

こうした商品への投資は、一見したところ理にかなっていた。レバレッジを利かせて購入したとしても、その借入コストを上回る十分な絶対リターンを約束していたからだ。すばらしいパフォーマンスも期待された。予期せぬ厄介事が起きないかぎり、であったのだが。

しかし、例によって利益の追求は過ちを引き起こした。高いリターンが見込まれたものの、起こりうる結果の中には非常に物騒なものも含まれていたのである。多くの金融テクニックや仕組み商品は、未来が過去と同じような状況ならば、成功するはずのものだった。だが、これらが拠り所としていた「現代の奇跡」の多くは机上の空論にすぎなかったのだ。

二〇〇七年一二月一七日付　顧客向けレター「今回も違わない」より

オークツリーの草創期に主なライバルだった機関投資家の多くが、もはや主なライバルではない（あるいは存在すらしていない）ことには驚くばかりだ。多くは組織や事業モデルに欠陥があったために足をすくわれた。また、低リターンの環境で高リターンの追求にこだわったために、姿を消したものもある。

投資機会が存在しないときに、それを生み出すことはできない。最も愚かしいのは、高リターンを約束しつづけることにこだわり、自らの利益を食いつぶす行為だ。いくら望んだところで、無い袖は振れない。

価格が高いときには、予想リターンが低くなる（そしてリスクが高くなる）ことは避けられない。この一文だけからでも、適切なポートフォリオ編成のあり方について、多くのことが読み取れる。我々は実際の業務にそれをどれだけ生かしているだろうか。

二〇〇四年に私は「今日のリスクとリターン」と題した顧客向けレターを書いた。6章でも述べたが、その中で私は、①当時の資本市場線が「低い位置で平坦な形状をしている」（つまり、ほとんどすべてのアセットクラスでかつてないほど予想リターンが低くなり、リスク・プレミアムが縮小している）、②予想リターンが上昇するとしたら、価格の低下によって起きる公算が大きい、という独自の見解を記した。

だが難問は、そうした状況の中で我々に何ができるか、という点である。この数カ月後に書いた別のレターで、私はいくつかの可能性を提示した。

低リターンしか見込めなさそうな市場で、投資家はどうすればよいのだろうか。

●低リターンの環境ではないかのように投資する

この選択肢の問題は「望むだけでは実現しない」ことだ。簡単に言うと、資産価格が上昇し、従来の水準のリターンは望めそうにない状況で、それを期待するのは無意味である。かつて私は、顧客向けレターを読んだピーター・バーンスタインから、光栄にも手紙をもらったことがある。そこには、こんなすばらしい言葉が書いてあった。「市場はそんなに融通の利く機械ではない。欲しいからという理由だけで、高いリターンをもたらしてはくれない」

●とにかく投資する①

絶対リターンで見て魅力に欠けるとしても、現状で許容できる相対リターンを求めて投資する。

●とにかく投資する②

目先のリスクは無視し、長期でリターンをあげることに集中する。特に、マーケットタイミング（相場の値動きをにらみながら売買する手法）や戦術的アセットアロケーション（相場の状況によってアセットクラスの配分比率を機動的に変更する手法）は難しいという考えに賛同するのであれば、これは無分別なやり方ではない。ただし実行する前に、投資委員会や関係者などから「目先の損失には目をつぶる」という言質を取っておいたほうがよいだろう。

●キャッシュを保有する

これは、保険数理上の前提条件や大学基金の拠出比率（基金から大学運営費へと拠出する額を、基金の運用資産時価総額で割った比率）を満たす必要のある者や、つねに資金を「フル稼働」させていたい者、周りが儲けているのを長い間、指をくわえて見ていることに居心地の悪さを覚える（あるいは、それにより職を失う）者にとっては、厳しい選択肢である。

●「特定のニッチ分野や特定のマネジャー」を選んで集中的に投資する

これは私が過去数年にわたって採用してきた手法だが、ポートフォリオの規模が大きくなるにつれて難しくなる。また、本当にすぐれた才能、規律、持久力を身につけたマネジャーを見つけ出すのは、当然のことながら容易ではない。

予想リターンがきわめて低く、リスク・プレミアムが小さい状況では、簡単な答えはないというのが実情である。だが一つだけ、私がまちがっていると最も強く感じる行動がある。それは、「リターンを追求する」という典型的な過ちだ。

低リスクのアセットクラスの予想リターンが非常に低く、高リスクの投資がさかんに宣伝されている現状では、多くの投資家がよりリスクの高い（あるいは少なくともあまり一般的ではなかった）資産へと資金を動かそうとしている。しかし、そのような人々は①予想リターンがかつてないほど低い状況で、リスクの高い投資を行おうとしている、②追加的に得られるリターンがいつになく低いにもかかわらず、リスクを高めようとしている、③もっと予想リターンが高かった過去に取り合わなかった（あるいは、あまり買うことのなかった）資産に投資しようとしている、のである。より高いリターンを追求するためにリスクを高めるのに、今は最も向いていない時期なのではないか。リスクは、みなが競って同じようにとろうとしているときではなく、周りが避けようとしているときにとるのが望ましいのである。

二〇〇五年五月六日付　顧客向けレター「また始まった」より

二〇〇五年五月にこのレターを書いたのは、明らかに時期尚早だった。メリーゴーランドから降りるのに最適な時期は、二〇〇七年五月であった。痛みを思い起こさせるメッセージを早々に受け取り、先走って動いてしまった者もいるだろう。そうは言っても、二〇〇五年五月という早すぎる段階でメリーゴーランドから降りたのは、二〇〇七年五月を過ぎてから降りるよりも、はるかにましだったのだ。

これまで私は、投資環境がパフォーマンスに多大な影響を及ぼすことを明確にしようとしてきたつもりだ。低リターンの環境で高いリターンを絞り出すには、時流に逆らい、数少ない勝ち組を見つけ出す力が必要である。そのためには、並外れたスキルと高リスクへの耐性、そして幸運が組み合わさらなければならない。

一方、高リターンの環境は、低価格で高いリターンを、それもたいていの場合、低リスクで獲得できる機会をもたらす。たとえば、一九九〇年、二〇〇二年、二〇〇八年の危機時に、当社のファンドは異例の高リターンをあげた。我々は、損失を出す見込みが薄かった資産に投資することで、それを達成したと自負している。

まちがいなく最高の投資機会は、資産の保有者が投売りするときに訪れる。そして、危機時にはそのような保有者が多数現れる。投売りが起きるのは以下のようなときである。

●運用するファンドで解約が生じている
●ポートフォリオの構成資産が、最低信用格付基準や投資比率上限などの投資ガイドラインに抵触する
●保有資産の担保価値が融資機関との契約で定められた水準を下回り、投資家が証拠金の追加預け入れ請求（マージンコール）を受ける

繰り返しになるが、アクティブ運用の真の目標は、本質的価値を下回る価格で資産を買うことだ。これは、効率的市場仮説でありえないとされていることだが、それも一理ある。とりわけ潜在的な売り手が合理的であり、十分な情報を持っている場合に、割安な価格で売りに出される資産があるだろうか。

売ろうとする者は通常、「なるべく高い価格で」、「なるべく早く」という二つの欲求の間で折り合いをつける。だが投売りをする場合、選択の余地はない。頭に銃をつきつけられたような状況にあ

り、どんな価格であっても売らなければならない。この「どんな価格であっても」というフレーズは、買う立場にある者にとって、この世の中で最も魅力的な言葉である。

もし投売りをする者が一人だけで、その数十倍の人が買いに動く場合、取引価格はやや低めになる程度で終わるだろう。しかし、市場全体が混乱している状況では、多くの人が同時に投売りしようとする一方で、その流動性需要に対応できる人はほとんどいない。価格の急落、融資の打ち切り、取引相手や顧客の不安といった投売りを強いるマイナス要因は、ほとんどの投資家に同じような影響を及ぼす。このような場合、価格は本質的価値を大幅に下回る水準まで下がる可能性がある。

二〇〇八年第4四半期の状況は、混乱時に流動性需要が高まることを示す好例だった。当時、借り入れに依存した投資家が保有していたシニア・バンクローンがたどった運命について、振り返ってみたい。返済順位が高いシニア・バンクローンは格付けが高めであった。また、信用危機以前は資金調達がきわめて楽だったことから、潜在リターンの向上をめざして、これらを担保に巨額の資金を借り入れ、レバレッジを利かせたポートフォリオを組むことは容易であった。こうした投資を行う者の多くは、担保資産であるバンクローンの価格が額面の八五％を下回った場合に追加証拠金を預け入れる、といった信用取引契約を結んでいた。過去にバンクローンが額面を大幅に下回る価格で取引された例はない、と確信してのことである。

信用危機が起きると、借金をしてバンクローンに投資していた投資家にとって、すべてが悪い方向に動きはじめた（安全とみなされていたこれらの資産の利回りは非常に低かったため、買い手のほとんどが期待リターンを高める目的でレバレッジを利かせていた）。ローン価格は下落し、流動性は枯渇した。バンクローンの大半が借り入れた資金で買われていたため、信用収縮は大多数の保有者に影響を及ぼした。売ろうとする投資家の数が爆発的に増えるなか、現金で買う者はいなくなった。そして、新たに資金調達を行うことができなくなったため、売りに出されるバンクローンを借り入れた資金で購入する新規の投資家も現れなかった。

バンクローンの価格は額面の九五％、九〇％へと下がりつづけ、やがて八五％まで下落した。価格が契約で定められた水準まで下がると、投資家に融資した銀行はマージンコールを通達する。このような市場環境で、追加証拠金を支払う余力と度胸のある投資家はまずいない。したがって、銀行は担保資産であるバンクローンを差し押さえ、清算した。このころ、よく使われるようになった言葉にBWIC《ビーウィック》がある。「競争入札募集（bid wanted in competition）」の略語で、資産の売り手が公開で競争入札を募集する仕組みを示す。BWICの実施は入札前日の午後に公表され、入札には正真正銘の掘り出し物を求める投資家がごく少数参加した（BWIC入札が次々に実施されるのは目に見えていたため、どんな価格を提示しても、低すぎるのではないかと心配する必要はなかった）。そして売り手側の銀行も公正な価格で売ることにはこだわらなかった。融資額を回収できる水準（おそらく額面の七五〜八〇％）であれば十分だったからだ。取引後に価格が上昇すれば、買い手がそのうまみを得ることになるのだが、銀行はその取引で利益をあげるつもりはなかった。したがって、BWIC入札は信じがたいほど低い価格で行われた。

その後、バンクローンの価格が額面の六〇％台まで下がると、短期融資の借り換えができない保有者は手放さざるをえなくなった。売り値はお話にならないほど低下した。二〇〇八年にシニア・バンクローンの価格指数は、返済順位の劣るハイイールド債の価格指数よりも大幅な下落を記録したのである。ここに非効率性が存在していたのは明らかだ。第一順位の担保が設定された債権が、融資先企業の価値が一～二年前に買収ファンドが購入した価格の二〇～四〇％だと判明した場合でも、損を出さずに済む価格で買えるのだ。非常に高い利回りが約束されていたと言える。実際に、二〇〇九年には多くのバンクローンの価格が急騰した。

これこそ、我慢強く機会を待っていた者が一歩踏み出すときであった。そのように動けたのは、主として二〇〇六～二〇〇七年の時点でリスクを認識し、機会を待ち望んで準備万端整えていた者である。

危機時の投資でカギとなるのは、①売りを迫るマイナス要因から身を遠ざけ、②そのかわりに買い手の立場をとることだ。これらの条件を満たすために投資家に必要なものは、断固として本質的価値を重視すること、レバレッジになるべく、あるいはまったく頼らないこと、そして長期的な資本と強い意志だ。逆張りの姿勢と健全なバランスシートを拠り所として我慢強くチャンスを待てば、金融崩壊時に驚異的な利益を生み出しうるのである。

14

無知を知る

予測家には二つのタイプがある。無知な予測家と、自らが無知であることを知らない予測家だ。

ジョン・ケネス・ガルブレイス

自分に知らないことがあるかもしれないと考えるのは恐ろしい。だが、もっと恐ろしいことがある。世の中というものが概して、何が起きるのか正確に知っていると信じている人々によって動いていることだ。

エイモス・トベルスキー（心理学者）

損をする人は二種類いる。何も知らない人と、何もかも知っている人だ。

ヘンリー・カウフマン（エコノミスト）

本章を書きはじめるにあたって、私は三人の人物の名言を引用した。ほかにも引用したいこの手の名言は百万とある。予測できる範囲には限りがあると意識することは、私の投資アプローチに欠かせない要素だ。

私は、①マクロ経済が将来どうなるのか知ることは難しい、②未来に関するすぐれた知見を持ち、それを継続的に投資する際の強みにできる者はほとんどいない、ということを強く確信している。ただし、例外的な点として、二つ挙げたい。

●より狭い範囲のことに特化するなら、知見を強みとして発揮できる可能性は高まる。熱心に研究し、スキルを駆使すれば、個別の企業や証券について、隣の人よりもつねに多くを知ることはできる。だが、市場や経済について同じようにできるかというと、その公算ははるかに小さい。だから私は、「知りうることを知るよう心がけなさい」と呼びかけている。

●次章で詳述するが、一つの例外として忠告したい。投資家はいま現在、サイクルや振り子のどこの位置にいるのかを見出す努力をすべきだ。そうすれば将来の動きが予測できるわけではないが、起こりそうな事態に備える手助けにはなる。

未来は知りえない、という私の主張が正しいことを証明しようというわけではない。「できない」ことを証明するのは不可能であり、この件もその例にもれない。ただ、マクロ規模で将来何が起きるのか、つねにわかっているという人にお目にかかったためしはない。読者が注目しているエコノミストやストラテジストすべての中で、毎回のように予想を的中させている者がいるだろうか。

〰　〰　〰

この問題に関して私は、主として予測について書かれたものを読み、それが実際に当たったかどうか調べるという方法で「研究」している（カギカッコつきなのは非常に浅く、限定的な方法でしか取り組んでおらず、本格的な研究とは言いがたいからだ）。その成果はこれまでに「予測の価値（いったいどこからこれだけの雨が降るのか？）」（一九九三年二月一五日付）、「続・予測の価値（その者に褒美《ほうび》を取らせよ）」（一九九六年八月二二日付）という二つの顧客向けレターで紹介している。後者では、予測の有用性を検証するために、エコノミストを対象としたウォール・ストリート・ジャーナル（WSJ）紙の半期経済予測調査三回分のデータを用いた。

第一に、予測は一般的に当たるものなのだろうか。答えは明らかにノーだ。WSJ紙の調査結果では、九〇日物米国債利回り、三〇年物米国債利回り、円／ドル為替レートに関する六カ月後、一二カ月後の予測値が平均で一五％も外れていた。六カ月後の三〇年債利回りの平均予測値は、実際の値から九六ベーシス・ポイント（bp）も乖離していた（これは額面一〇〇〇ドルの長期債の価格が一二〇ドル変動するほどの差である）。

第二に、予測に価値はあるのだろうか。予測が最も役立つのは、変化を正しく見込んでいた場合である。もし、変化が起きないと予測していて、実際にそのとおりになったとしても、その予測をもとに大儲けができるとは考えにくい。一方、正確に変化を予測していれば、大儲けの可能性がある。私はWSJ紙の調査を「研究」して、予測者たちが（もし正しく予測できていれば、人々が利益をあげたり、損失を防いだりすることができたであろうときに）完全に大きな変化を読みそこなっていたケースが数回あったと気づいた。たとえば、一九九四年と一九九六年の金利上昇、一九九五年の金利低下、そして円／ドル・レートの乱高下である。要するに、予測上の変化と実際の変化の間に、あまり相関性はないのだ。

第三に、予測の根拠は何か。この答えは簡単である。大半の予測は既知の出来事を当てはめることによって行われる。WSJ紙調査の予測値は、平均で見ると、予測を行った時点の数値から上下五％以内の範囲にあった。多くの予測家と同じく、調査の対象となったエコノミストは、どこへ行くのかではなく、どこに何があるのかを知るために、ずっとバックミラーを見ながら車を運転していたのである。このことは、「正確に予測するのは難しい。特に未来に関しては」という古い格言を裏づけている。当然のことながら、こうも言える。過去を予測することなど朝飯前だ。

第四に、予測家が正しかったことはあるのか。答えはまちがいなくイエスである。たとえば、WSJ紙調査で、実際には金利が急変動したにもかかわらず、三〇年債利回りについて一〇〜二〇bp程度の変動しか予測しなかった者がいた。だが、最も実績値に近い予測をしたエコノミストの数値はコンセンサスよりもはるかに正確で、コンセンサスの予測値との間には七〇〜一三〇bpもの開きがあった。

第五に、予測家の予測が的中する（それも驚異的な精度で）場合があるにもかかわらず、なぜ私は予測について否定的なままなのか。予測は一回だけ当たればよいわけではないからだ。重要なのは、継続的に当たる予測をすることである。

一九九六年の顧客向けレターで、私は「勝者（最も実績値に近い予測をしたエコノミスト）の予測を評価するのをためらわせるような事実が二つある」と記した。一つは、勝者が、当たったその回以外の調査では正確な予測をしていなかった点である。もう一つは、当たらなかった回の半分では、不正確なコンセンサスよりもさらに外れた予想をしていた点だ。何よりも重要なのは、当然のことながらデータそのものではなく、結論（予測が当たっていて、一般化できるものだと仮定すれば）とその影響力だ。

いつかは当たる予測をする方法の一つは、つねに強気、あるいはつねに弱気の姿勢をとることだ。長いこと同じ方向性を保っていれば、そのうち当たる可能性がある。また、つねにコンセンサスからかけ離れた予測をする者は、誰も予測できなかったきわめて異例の事態を正しく予見したとして、称賛される日が来るかもしれない。だがそれは、その人の予測がいつも役に立つことを意味するわけではない。

マクロ経済に関する予測は時として当たることもあるが、継続的には当たらない。その中に正しく予測している者が何人かいたとしても、六四人のエコノミストの予測値をまとめた調査結果を見るのは無益である。誰が当たっているのかがわからなければ意味がないのだ。そして、半年ごとの調査で正確な予測をしたエコノミストがそれぞれ違うのであれば、コンセンサスの予測に大きな価値があるとは考えがたい。

一九九六年八月二二日付　顧客向けレター「続・予測の価値（その者に褒美を取らせよ）」より

この予測に関する考察は、我々が抱えるあるジレンマを示している。投資の成果はすべて将来、何が起きるかで決まる。一方で、物事が平常どおり動いているときは、だいたいの場合、何が起きるかわかるが、「知っていること」が非常に大きな違いを生み出すようなときに、何が起こるかはよくわからないのだ。

●人々はたいてい、ごく最近の状況によく似た未来を予測する。

●そうした予測は必ずしも外れてはいない。ほとんどの場合、未来はおおむね、ごく最近の状況の再現となる。

●これら二点を考慮すると、多くの場合、予測は当たると結論づけることも可能だ。予測に最近の経験が反映されること、そして、実際にそれが再現されることが多いのだから。

●だがそうした予測には、ほとんど値打ちがない。市場も予測家と同じように、未来は過去と似た状況になると仮定するため、ごく最近の流れを引き継いで価格が形成されることが多いからだ。したがって、未来が過去と似た状況になったと判明した場合、それによって大儲けできる公算は、たとえそうなると正しく予見していた者であっても小さい。

●ただし、時として未来は過去とまったく異なる様相を呈する。

●正確な予測が真価を発揮するのは、このようなときである。

●予測が最も当たらないのも、このようなときである。

●こうした非常に重要な瞬間に、予測を的中させた予測家がいる場合もある。そのため、重要な出来事を正確に予測することは可能なように思えるが、実際には同じ人が継続的に当たる予測をする公算は小さい。

●これらの論点を総合して結論すると、予測にはほとんど価値がない。

裏づけが欲しいというのなら、どれだけの予測家が二〇〇七年から二〇〇八年にかけてのサブプライム問題、世界信用危機、大規模な金融崩壊を正しく予測していたか、自問してみるとよい。ほんの数人、思い当たるふしがあり、その者たちの予測には価値があったと思うかもしれない。ではその数人のうち、二〇〇九年にゆっくりと始まった景気回復と同年中の相場の急反発も正しく予見した者は何人いただろうか。答えは「ほとんどいない」だと思う。

そうなったのは、たまたまではない。二〇〇七〜二〇〇八年の予測を的中させた者は、おそらく悲観的な見方をする傾向があり、それが多少なりとも予測に影響したのだろう。そして、二〇〇九年についても悲観的な見通しを保ったのではないか。総合的に見ると、これらの者の予測は役立ったとは言えない。たとえ、過去八〇年で最も衝撃的な金融事象の一部を正しく予見していたのだとしてもだ。

だから、「予測は当たる場合もあるか?」ではなく、「予測全般(あるいは、ある個人の予測)は一貫して有用で価値があるか?」と問うことが重要なのだ。この問いの答えがイエスだと強く主張する者はいないだろう。

二〇〇七~二〇〇八年の世界金融危機を予測できていたなら、大きな利益をあげる機会が生じていただろう。だが、つねに当てているわけではない者(しかも、明らかに悲観的な見方をする傾向のある者)が予測していたとしたら、人は行動を起こすだろうか。一貫して成果をあげられない予測家の問題はここにある。まったく当たらないから、そうした予測に乗じる者がいないのではない。たまに的中する程度の実績では、行動を引き起こす原動力となるのに不十分なのだ。

私が予測家と彼らを信じて疑わない者について肯定的ではない意見を持っているのは、すでに知られたことだ。これらの人々に特別な名前を献上しているほどである。

これまで私が出会ってきた投資家の大半は「知ってる派」に属している。以下のような特徴を持つ「知ってる派」は簡単に見分けられる。

●投資で成功するためには、経済、金利、市場、そして多くの人が動向を追っている主要な株式銘柄の先行きについて知っておくことが不可欠だと考えている
●そのようなことは達成可能だと確信している
●自分自身にそれができると思っている
●ほかの多くの人々も同じことをしようとしていると気づいているが、①誰でも同時に成功できる、あるいは②一握りの者しか成功できないが自分はその中の一人だ、と思っている
●未来に関する自分の見解に基づいて投資することに、心地よさを感じている
●ほかの者が自分の見方に共感することを歓迎する（正確な予測なら、誰もタダで他人に教えたりしないほど高い価値があるのだが）
●予測家としての自分の実績を厳しく評価するために振り返ることはめったにない

「確信している」という言葉は、この「知ってる派」を語るうえでのキーワードである。一方、「知らない派」の（特にマクロ経済の将来について考える場合の）キーワードは「用心深い」だ。「知らない派」に属する者は概して、未来は知りえないし、知る必要もない、そして未来がわからないなかで、最良の投資の選択肢に力を注ぐことがしかるべき目標だと考えている。

「知ってる派」のメンバーは、未来に関する独自の見解を持つ（そして、おそらくほかの人にそれを伝授しようとする）。人はその見解について知りたがり、ディナーのゲストとして招待したいと考えるかもしれない。とりわけ株価が上昇している局面では。

「知らない派」のメンバーの場合、周りの反応はもっと複雑だ。友人や他人に対して一様に「知らない」と言いつづけることに、当の本人はほどなくうんざりするだろう。そのうち、親戚でさえも相場がどうなるか聞いてこなくなる。予測が当たり、ＷＳＪ紙に顔写真が載るという千載一遇の「ハレの日」を迎えることなどない。一方で、予測が外れるという状況に直面することも、予測を過信して投資したせいで損失を被ることもない。

二〇〇四年五月七日付　顧客向けレター「我々と彼ら」より

未来は概して知りえないという前提で未来に投資しなければならないことを好む者などいない。だが、もしそれが現実ならば、真正面から受け止めて、予測に頼る以外の方法を見つけたほうがよい。投資するうえで限界が見えた場合、それがどのようなものであったとしても、無視して強引に前進するより、受け入れて対応するほうが格段にましなのだ。

もう一つ、重要な点があった。重大な問題は、確率と結果が別のものである（つまり予測には限界がある）ことを投資家が失念しているときに生じる傾向がある。たとえば、以下のような場合だ。

●確率分布曲線の形状を確実に知りえる（そして、実際に知っている）と信じているとき
●最も確率の高い結果が実際にもたらされると仮定しているとき
●予想される結果と実際の結果が正確に一致すると仮定しているとき
●そしておそらく最も重要な場合として、起こりそうもない結果が起きる確率を無視しているとき

予測の限界を見落とす無分別な投資家は、ポートフォリオの編成で過ちを犯し、時として巨額の損失を被る傾向がある。これは、二〇〇四〜二〇〇七年の時期によく見られた光景だ。多くの人が、起こりうる結果を予知し、コントロールすることが可能と過信したために、自分たちの行動に付随するリスクを過小評価したのだった。

～　～　～

未来を予測しようとすることが有効かどうかという問いは、単なる好奇心や学問上の思考の問題として片づけられるものではない。投資家の行動に著しい影響を及ぼすから（あるいは及ぼしてきたはずだから）だ。将来を左右する決断を下す必要がある活動において、未来は予測可能と考える者と、不可能と考える者がまったく別の行動をとることはきわめて明白だ。

投資家は次の重要な問いに対する答えを明確にしなければならない。未来は知りえると考えるか、知りえないと考えるかだ。将来、何が起きるかわかると思っている投資家は、積極果敢に行動する。相場が動く方向を断定してそれに賭け、集中的に投資をする。借り入れへの依存度を高め、将来の成長性をあてにする。言い換えれば、先見の明がなければ、リスクが増大するようなことを行う。一方、将来のことはわからないと感じている投資家は、まったく異なった振る舞いをする。ポートフォリオを分散化し、ヘッジを行う。借り入れにはあまり（もしくはまったく）頼らず、明日の成長よりも今日の価値を重視する。返済順位の高い資産を保有し、起こりうるさまざまな結果に備えて日ごろから身構えている。

前者のグループは暴落が起きるまでの数年間に、はるかに良好なパフォーマンスを達成した。しかし、後者のグループは暴落が起きたときに、より良い準備ができていた。利用可能な資金も多く持ち（また、心理的なダメージも少なく）、底値で買って利益をあげることができたのだ。

二〇〇九年一一月一〇日付　顧客向けレター「試金石」より

未来がわかるのなら、ディフェンシブな投資を行うのは愚かなことだ。積極果敢に振る舞い、最も収益性の高い銘柄に狙いを定めればよい。恐れるべき損失は発生しえない。投資先を分散化する必要はなく、レバレッジを最大限に利かせることも可能だ。むしろ、未来がわかっているのに過度に慎重な姿勢をとれば、機会費用（利益の逸失）が生じる可能性がある。

一方、将来のことはわからないというのであれば、わかっているかのように振る舞うのは無謀である。本章の冒頭で引用したエイモス・トベルスキーの説得力ある言葉を思い起こせば、どのような結果になるかは目に見えている。不可知論者として知りえぬ未来に投資するのは気が重い話だが、先行きが不確かなのに、何が起こるかわかっているかのように投資するのは正気の沙汰ではない。作家マーク・トウェインの名言が何よりも巧みに物語っているかもしれない。「面倒を起こすのは、知らないことではない。知らないのに知っていると思い込んでいることだ」

脳外科手術や大洋横断レースや投資においては、自分にわかること、あるいはできることを過大評価すれば、きわめて危険な事態を招きうる。一方、自分が知りえることには限度があると意識すれば、そして、その限度を超える危険を冒すのではなく、限度の範囲内で動けば、大きな強みを手にする可能性があるのだ。

15 今どこにいるのかを感じとる

この先どうなるのかは知る由もないかもしれないが、今どこにいるのかについては、よく知っておくべきだ。

以下のような点を考えると、市場サイクルは投資家に厳しい試練を課していると言える。

- 市場サイクルの上下動は避けられない
- 市場サイクルは投資家のパフォーマンスを著しく左右する
- 市場サイクルの期間、そして特にタイミングは予測不可能である

つまり我々は、絶大な影響を及ぼすが、あらかじめ知ることは難しい力に対処しなければならない。では、そのためにすべきことは何か。非常に重要な疑問だが、多くの場合そうであるように、明

白な答えに見えるものが正解とはかぎらない。

第一に考えられる答えは、サイクルは予測不可能だと受け入れるよりも、未来の予測にいっそう力を注ぐべき、というものだ。より多くの労力を投入して結論を導き出し、その結論に重点的に賭けるようにするのである。しかし、膨大なデータと私のこれまでの経験は、サイクルに関しては、「避けられない」ということしか予測できないと告げている。さらに、すぐれた投資パフォーマンスは、周りよりも多くの情報量を持つことから生まれる。将来のサイクルのタイミングと期間について、多くの人がコンセンサスよりもよく知っているということが、納得できる形で示されたためしはない。

第二に考えられる答えは、未来は知りえないことを受け入れ、手の尽くしようがないと考えてサイクルの存在をただ無視する、というものだ。予測に力を注ぐかわりに、良い資産に投資してずっと保有しつづける方法をとることは可能だ。いつ買い増したり、減らしたりすべきか、いつ投資姿勢をもっと積極的あるいはディフェンシブに変えるべきかはわからないため、ただひたすらサイクルの存在とその絶大な影響力を無視するのだ。いわゆる「バイ・アンド・ホールド」アプローチである。

ただし、もう一つ考えられる答えがあり、これが圧倒的に正しいものだと私は考えている。それは、ただ単に自分が今サイクルのどの位置に立っているのか、そして、どのような行動を起こすべきなのかをつきとめようとする、である。

投資の世界において、サイクルほど信頼に足るものはない。ファンダメンタルズ、心理、価格、リターンには浮き沈みがあり、そのサイクルが過ちを犯す機会、あるいは他人が犯した過ちに乗じて利益をあげる機会を生み出す。それは当然の成り行きなのだ。

あるトレンドがどれだけ長続きするのか、いつ反転するのか、何が反転のきっかけとなるのか、反転してどこまで行くのか、を知ることはできない。しかし、どんなトレンドも遅かれ早かれ終わりを告げることは確実だ。同じ方向に進みつづけるものなどない。

それでは、サイクルに関して我々にできることは何か。いつどのように反転するのか前もって知ることが不可能なのであれば、どうやって対処できるというのだろう。この件について私は確固たる独自の見解を持っている。この先どうなるのかは知る由もないかもしれないが、今どこにいるかについては、よく知っておくべきだ。つまり、サイクルが変動するタイミングや振れ幅は予測できなくても、我々が今サイクルのどの位置に立っているのかを解明し、その結論にしたがって行動するよう努めることが不可欠なのだ。

二〇〇六年三月二七日付　顧客向けレター「これが現状だ」より

~　~　~

振り子の振動を正確に予測し、つねに正しい方向に動くことができたら申し分ないだろうが、そのように期待するのはまったく非現実的だ。それよりも、以下のことに力を注いだほうが、はるかに分別がある。それは、①相場が振り子の軌道の一端に達するときに備えて警戒を怠らない、②変化に応じて自分の行動を調整する、そしてこれが最も重要なのだが、③サイクルの頂点と谷底で多くの投資家を完全にまちがった行動へと駆り立てる群集の振る舞いに、歩調を合わせない、だ。

一九九一年四月一一日付　顧客向けレター「第1四半期のパフォーマンス」より

今、サイクルのどの位置に立っているのかがつきとめられれば、次に何が起きるか正確にわかると言っているのではない。しかし、現状を理解すれば、将来の出来事とそれについて何をすべきかという点に関する貴重な洞察が得られる。我々にできるのは、せいぜいその程度のことだ。

〜　〜　〜

（未来と違って）現状は知りえると言うのは、現状ならば自動的に理解できるという意味ではない。投資に関する多くのことと同様に、努力が必要だ。ただ、努力すれば成し遂げられる。その努力において必要不可欠と思われる概念をいくつか紹介しよう。

第一に、今、何が起きているのか、アンテナを張りめぐらしておく必要がある。哲学者ジョージ・サンタヤナは「過去を忘れる者は、同じことを繰り返すさだめにある」と語った。同じように、自分の身の周りで何が起きているのか気づいていない者は、そのせいで痛い目にあうと私は考えている。

未来を知るのは困難だが、現状を理解することはそれほど難しくはない。必要なのは「市場の温度を測る」ことだ。状況に気を配り、洞察力を働かせれば、周りがどのように振る舞っているのかを読み取り、それをもとに自分はどうすべきか判断することができる。

ここで欠くことのできない要素が、私のお気に入りの言葉である「推論」だ。誰もがメディアの報道を通じて、日々何が起きているのかを知っている。しかし、こうした日々の出来事が市場参加者の心理や投資環境にどのような影響を与えるのか、そして、それに対して自分はどう行動すべきか、理解しようとしている人が何人いるだろうか。

簡単に言えば、我々は周りで起きていることがどんな影響をもたらすのか理解するために、懸命に努力しなければならない。ほかの者が無謀なまでの自信から積極果敢に買っているときは、とても用心深くなるべきだ。そして、ほかの者が恐怖のあまり身動きがとれなくなるか、パニック売りに走っているときは、積極果敢になるべきだ。

だから周りを見渡して、自問するがよい。投資家は楽観的か、悲観的か。メディアに登場するコメンテーターは、果敢に攻めろと言っているか、買うなと言っているか。新手の投資商品はすんなり受け入れられたか、あっという間に見向きもされなくなったか。新株発行やファンドの新設は金儲けのチャンスと思われているか、それとも落とし穴の恐れありと見られているか。資金の調達はすこぶる容易か、あるいは不可能に近いか。PERは歴史的に見て高いか低いか、イールド・スプレッドは小幅か大幅か。これらすべてが重要な疑問点であり、その答えはどれも未来を予測しなくても導き出せる。将来について推測しなくても、現状に目を凝らせば、卓越した投資判断を下すことも可能なのだ。

大事なのは、こうして現状に目を凝らし、そこから何をすべきか、答えが浮かび上がってくるのを待つことだ。市場は、ふだんから次にとるべき行動を指し示してくれるわけではないが、極端な状況に達すると、きわめて重要なメッセージを発するのである。

〜　〜　〜

二〇〇七〜二〇〇八年は、市場と市場参加者にとって苦痛に満ちた時期だったと見ることも、人生の中で最も価値のある学習体験になったと言うこともできる。どちらももっともだが、つらい過去を引きずるだけでは、あまり投資の手助けにはならない。学習体験への理解を深めることで、投資家は成長できるのだ。現状を正確に見極めることの重要性と、未来を予測しようとすることの愚かさを説明するのに、破滅的な信用危機ほどふさわしい例は思いつかない。この件について、もう少し詳しく論じたい。

あとから振り返れば、二〇〇七年半ばに金融危機が発生するまでの数年間は、(知らず知らずのうちに)リスクをとることの歯止めがきかなくなった時期であった。株式と債券への関心が薄れると、資金はプライベート・エクイティ(買収)ファンドなどの「オルタナティブ(代替)投資」へと流れ込んだ。その規模は、いずれ市場が崩壊することが避けられなくなるほどの大きさに達した。住宅やその他の不動産はインフレへの耐性があり、確実に利益を生み出すという主張は、何の疑問もなく受け入れられた。そして、低金利と緩い融資基準は、いとも簡単に資金が借りられる状況を生み出し、のちに行き過ぎだったとわかる水準までレバレッジを利かせる風潮を助長した。

あとになってリスクを認識しても、あまり意味はない。ここで疑問なのは、警戒態勢をとり、推論を行っていれば、二〇〇七～二〇〇八年の市場暴落の打撃をまともに食らわずに済んだのか、という点だ。以下に、当時の熱狂ぶりを示すさまざまな事例を挙げよう。

●ハイイールド債の発行額と投資不適格企業を対象としたバンクローンの発行額が、過去最高を大幅に更新する水準に達した。

●発行されたハイイールド債のうち、トリプルC格（平時なら大規模な新規発行はありえない水準の格付け）が占める比率が異様なまでに高まった。

●株主に配当を支払う資金を調達するための借り入れが、当たり前のように行われていた。平時であれば、発行企業の財務リスクを高めるだけで、債権者には何のメリットももたらさないこのような借り入れは実現しがたい。

●しだいに現物支給債（PIK債）の発行が増えた。これは現金のかわりに追加発行する債券で利払いが行えるものだったが、債権者を保護する条件はほとんど、あるいはまったく付与されていなかった。

●以前は珍しかったトリプルAの格付けが、実績のない仕組み債のトランシェ（特定の条件の度合いによって切り分けたもの）に付与される例が何千件にも達した。

●企業買収において、被買収企業のキャッシュフローに対する買収価格の倍率と、買収資金の借入依存度がしだいに高まった。二〇〇七年の企業買収価格の対キャッシュフロー倍率は、平均で二〇〇一年の水準を五〇％上回った。

●半導体製造など、景気変動の影響を非常に受けやすい業種の企業の買収が行われた。投資家がより懐疑的な姿勢をとっている時期には、レバレッジと景気循環的な要素が組み合わさった投資は敬遠される。

これらの点すべてを考慮すれば、明確な推論を行うことは可能だった。資金の供給者は、適切な債権者保護や潜在的な利益を求めるのではなく、融資基準の緩和と金利の引き下げによって融資拡大競争を繰り広げた。「資金は有り余っているのに投資先が少なすぎる」という、思慮深い投資家にとって世界一恐ろしい言葉は、当時の市場の状況をきわめて的確に示している。

有り余った資金が投資先の奪い合いをしている状況は、以下のような流れから見てとることができる。投資がしやすくなり、約定件数が増える。資本コストが低下する。活発な商いが続き、投資対象の資産の価格が上昇する。すべては資金の激流によってもたらされるものだ。

自動車メーカーが長期にわたって、より多くの車の販売をめざすならば（つまり、つねに競合会社を上回るシェアの獲得をめざすならば）、より良い製品を作ろうとするだろう。だからこそ、ほとんどの宣伝文句は「我が社の製品がよりすぐれている」といったものになるのだ。ただし、世の中には差別化できない商品があり、エコノミストはそれを「コモディティ」と呼ぶ。コモディティは、どの売り手のものにも品質面で大差がなく、価格だけで取引が決まる傾向がある。そして、買い手は最も安い価格が提示されたものを買う場合が多い。したがって、より多くのコモディティを売りたければ、価格を引き下げることが売り手がとるべき唯一の手段となる。

カネをこのようなコモディティと考えると、話がわかりやすくなる。カネは誰が持っているものであっても、質的にまったく変わりはない。それでも金融機関は融資の拡大を、プライベート・エクイティ・ファンドやヘッジファンドは手数料の増加をめざし、より多くのカネを動かそうとする。金融機関がより多くの資金を供給しようとするなら、つまり資金を調達する者が競合他社ではなく自社へ来るようにするなら、カネの価値を安くする必要がある。

カネの価格を下げる方法の一つは、貸出金利の引き下げだ。それよりも少しわかりにくい手段は、より高い価格で（つまり、普通株ならより高いPERで、企業買収ならより高い総買収価格で）資産を買うのに同意することである。その場合、どこからどう見ても、想定リターンの低下を受け入れるはめになるのだ。

二〇〇七年二月一七日付　顧客向けレター「谷底へと続く競争」より

もしこの危険な時期に順張り投資家が周りの状況に目を向けていたとしても、その目に映っていたのは、前述した「銀の弾丸」あるいは「絶対に損をしない投資」に対する市場の姿勢が、懐疑主義から軽信へと移り変わっていくさまだったかもしれない。思慮深い投資家なら、「銀の弾丸」に対する欲求が高まっていること、つまり、強欲が恐怖を退け、懐疑心のない高リスクの市場へと変貌していることに気づいていただろう。

二〇〇〇年代に、ヘッジファンド、特にいわゆる「アブソリュートリターン」ファンドは、確実に儲かる投資先と見られるようになった。「アブソリュートリターン」ファンドとは、ロングショート取引、あるいは裁定取引を行うファンドだ。市場トレンドの「方向性」を予測して高いリターンを追求するのではなく、運用マネジャーのスキルや技術によって、相場がどのように動いても八～一一%の安定したリターンを生み出すことを狙う。

この水準のリターンを一貫して達成することが実に驚異的で、おそらくは「そんなうまい話があるわけない」類のものであると気づいている者はほとんどいなかった（史上最大級の金融詐欺事件を起こしたバーナード・マドフは、まさにこうした売り口上で顧客から資金を集めていたという）。①この奇跡的なリターン（特に巨額の運用手数料と成功報酬を差し引いたあとでは）を達成できる才能を持ったマネジャーが何人いるのか、②どれだけの資金で達成できるのか、③高いレバレッジをかけてわずかな裁定機会を狙うファンドが、厳しい市場環境で実際にどれだけの成績をあげられるのか（ファンドの平均リターンがマイナス一八%となった二〇〇八年には、「アブソリュートリターン」という言葉が結果的に乱用、誤用されていたことになる）といった疑問を抱く者も、ほとんどいなかった。

6章で詳しく述べたように、当時は証券化、トランチング（証券化する際に、リスクや利回りなどの条件の度合いにより区分すること）、転売、ディスインターミディエーション（金融機関がローンを保有せずに売却すること）、デカップリング論（一国の経済が停滞しても、世界経済全体には大きく影響しないという考え方）といった、新たに幅を利かせる金融工学技術や潮流によって、リスクはなくなったという説が語られていた。中でも特筆すべきはトランチングである。証券化商品のトランチングは、ポートフォリオの価値やキャッシュフローに序列をつけたうえで、優劣度にしたがって保有者に売却するものである。返済順位が最も高いトランシェの保有者は、安全性が最も高いことから低めのリターンを受け入れる。一方、返済順位が最も低いトランシェの保有者は、「一番最初に損失を被る」立場（ファーストロス・ポジション）にある。こうした高いリスクを受け入れるかわりに、上位のトランシェ保有者に対する規定の支払いが行われたあとの残余価値の分配を受け取る、という形で高いリターンが得られる可能性を享受する。

二〇〇四～二〇〇七年の時期には、「リスクを細分化して複数のトランシェに分け、それぞれを最もふさわしい投資家に売れば、リスクはなくなる」という理屈が台頭した。魔法のような話である。だから、トランチングされた証券化商品が投資家の過度の期待を生み出し、過去最大級の金融メルトダウンをもたらす原因となったのは偶然ではない。投資の世界に魔法は存在しないのだ。

この時期に大流行したのが、アブソリュートリターン・ファンド、低コスト・レバレッジ、リスクのない不動産投資、そしてトランチングの手法を用いた債務の証券化、といった概念である。二〇〇七年八月以降、これらすべての概念の誤りが明らかになったことは言うまでもない。リスクは消えておらず、投資家の過信と不十分な懐疑心のために、むしろ高まっていたことが判明したのである。

二〇〇四年から二〇〇七年半ばにかけての時期には、投資家がこれから何が起きるかがわかるほど感覚を研ぎ澄ませ、行動を起こす自信を持ってさえいれば、リスクを低減させることでアウトパフォームできる絶好のチャンスが生じていた。過熱した市場の温度を測り、なおも上昇しつづける市場という飛行機から降りればよかったのだ。実際に行動に移せた者は、11章で述べた逆張りの原則を実証している。リスクを低減させて、金融危機への心構えをしていた逆張り投資家は、二〇〇八年の市場メルトダウンでも損失額を抑え、大量に生じたお買い得品をすかさず買うことができたのだ。

環境に左右されずに戦略や戦術に関する決断が下せる分野はほとんどない。運転中にアクセルを踏む強さは、道路の混み具合で変わる。ゴルフで使うクラブの選択は、風の状態で違ってくる。どんな上着を着て出かけるのかも、当然のことながら天候しだいだ。それでは、我々の投資行動も同じように投資環境に左右されるものなのだろうか。

ほとんどの人は、この先何が起きるかという自分の考えに基づいて、懸命にポートフォリオを調整しようとする。だがその一方で、たいていの人は先行きの透明性はそれほど重要ではないと言うだろう。だからこそ私は、未来を予測しようとするのではなく、現状とそれが及ぼす影響に対応すべきだと主張しているのだ。

二〇〇六年三月二七日付　顧客向けレター「これが現状だ」より

貧乏人のための市場評価ガイド

ここで、将来の市場の温度を測るのに役立つかもしれない、簡単な評価方法を紹介したい。以下にさまざまな市場の特徴を列挙している。それぞれの項目について、現状に近いと思うほうに

景気	堅調	低迷
見通し	明るい	暗い
貸し手	積極的	消極的
資本の需給	緩和	逼迫
資本	潤沢	不足
融資条件	緩やか	厳格
金利	低い	高い
イールド・スプレッド	タイト	ワイド
投資家	楽観的	悲観的
	血気盛ん	意気消沈
	買いに意欲的	買いに無関心
資産保有者	継続保有で満足	売りに殺到
売り手	少ない	多い
市場	活況	閑散
ファンド	狭き門	誰にでも門戸を開放
	次々に誕生	最良のファンドのみ資金調達可能
	ジェネラルパートナー（ＧＰ）が支配	リミテッドパートナー（ＬＰ）に交渉力
最近のパフォーマンス	堅調	軟調
資産価格	高い	低い
期待リターン	低い	高い
リスク	高い	低い
投資のトレンド	積極果敢	慎重で規律的
	幅広く投資	選別的に投資

印をつけてみよう。私の場合のように、印のほとんどが左側の選択肢についているならば、財布のヒモは締めておいたほうがよいだろう。

二〇〇六年三月二七日付　顧客向けレター「これが現状だ」より

サイクルに従って動く市場には、浮き沈みがある。振り子は揺れ動き、軌道の真ん中である「幸せな中心点」で止まることはまれだ。ここから生まれるのはリスクか、それともチャンスか。投資家はどのように対処すればよいのか。私の答えは単純だ。自分の周りで何が起きているのかをつきとめることに力を注ぎ、その結論に基づいて、どう動くのか決めればよい。

16 運の影響力を認識する

時として、起こりそうもない、あるいは不確実な結果が起きるという危険な賭けをした者が、天才のように評価されることがある。だが、それは幸運で大胆だったがために実現したのであり、スキルがあったからではないと認識すべきだ。

投資の世界は、未来が予測でき、特定の行動が必ず特定の結果につながるような、秩序正しく論理的な場所ではない。むしろ、投資に関することの大半は運に左右される。「偶然」または「ランダム性」といった、運よりも洗練された響きのある言葉を好む者もいるだろう。だが、いずれにせよ同じことだ。投資家のあらゆる行動がうまくいくかどうかは、ほとんどの場合、サイコロの目がどう出るかに著しく影響されるのである。

本章では、ナシーム・ニコラス・タレブの『まぐれ』からアイデアをいくつか借りて、運という要素を深く追究したい。ここで紹介する概念の中には、同書を読む前に私自身が思いついていたものもあるが、タレブの本はそれらを一つにまとめ、さらに広がりのあるものにしてくれた。同書は投資家にとって非常に重要な書物の一つである。私は二〇〇二年に出した顧客向けレター「リターンはどこから来るのか」で、タレブのアイデアを一部借用し、『まぐれ』からいくつか文章を引用した。

ランダム性（または運）は人生の成り行きにおいて、非常に大きな役割を果たしている。ランダムな事象によって生じた結果は、そうでない場合の結果とは違うものとみなすべきだ。したがって、投資成績が前と同じようになるかどうか考える際には、マネジャーの運用成績がどれだけランダム性に左右されているのか、そして、その成績がスキルによるものだったのか、純粋に運によるものだったのかを検討することが不可欠である。

〝ロシアン・ルーレットで得た一〇〇〇万ドルの価値は、歯科医が技術を駆使してまじめに稼いだ一〇〇〇万ドルと同じではない。同じモノが買えるという意味では同じだが、前者は後者よりも大きくランダム性に依存している。会計士の目には同一に映るだろう。……だが私は内心、この二つが質の面で異なっていると考えずにはいられない〟

どの投資成績も、ほかにどのような結果がありえたかということを念頭に置いて考えるべきだ。この「記録に残っている歴史」と同じような確率で起きる可能性があった結果のことを、タレブは「違った歴史」と名づけている。

〝明らかに、物事を判断する際の私のやり方は確率論に根ざしている。つまり、どんなことが起きる可能性があったかという考えに基づいている。

……アレクサンドロス大王やユリウス・カエサルら、歴史上の偉大な軍人たちのことを我々が知っているとしたら、それは、その者たちが他の何千人と同じように大きなリスクを冒し、そしてたまたま戦争に勝ったからだ。知力と勇敢さを兼ね備え、（時として）高貴で、その時代で最も高度な文化を身につけていたのだが、それは、歴史のほんの片隅に存在し、ほとんど日の目を見ることのなかった他の何千人にも当てはまった話だ〟

時として、起こりそうもない、あるいは不確実な結果が起きるという危険な賭けをした者が、天才のように評価されることがある。だが、それは幸運で大胆だったがために実現したのであり、スキルがあったからではないと認識すべきだ。

二人で対戦するボードゲーム「バックギャモン」を例に考えてみよう。バックギャモンは二つのサイコロを振り、出た目の数だけ盤上の駒を動かすゲームで、各一五個の駒すべてをゴールさせる早さを競う。一方のプレーヤーが、二つとも六の目が出なければ、絶対に勝てない状況にあるとする。この組み合わせが出る確率は三六分の一だが、ルール上、ゾロ目が出た場合は、出た目の二倍、駒を動かすことができる。積極果敢なこのプレーヤーは、そのわずかな確率に賭け、みごとに六のゾロ目を出した。無鉄砲な賭けだったかもしれないが、結果的に成功したため、誰からも才能にあふれたプレーヤーと認められてしまう。しかし、六のゾロ目以外の組み合わせとなる確率がどれぐらいあったか、そして、狙いどおりの目が出たのがどれほど幸運なことだったのか、について考えるべきなのだ。そうすれば、このプレーヤーが再び勝つ確率について、よく知ることができるはずだ。

短期での投資の成功は、たいていの場合、しかるべきタイミングでしかるべき場所にいたことによってなされうる。私はつねに、積極果敢さとタイミングとスキルが利益をあげるうえでのカギになると説いている。そして、しかるべきタイミングで積極果敢になれる者なら、スキルはそれほど必要ではないのだ。

〝ある時点の市場に注目してみると、最も高いリターンをあげているトレーダーは、直近の市場のサイクルに最もうまく適応した者である場合が多い。歯科医やピアニストの世界ではありそういうことは起きない。ランダム性に左右されにくい職業だからだ〟

このことは上げ相場の局面でよくわかる。たいていの場合、最も高いリターンを手にするのは、最も高いリスクをとった者だ。だからといって、これらの者が最もすぐれた投資家だという話にはならない。

ベンジャミン・グレアムの『賢明なる投資家』第四版の補遺で、ウォーレン・バフェットは「全米コイントス大会」のたとえ話を披露している。二億二五〇〇万人の米国民が、それぞれ一ドルを賭けて毎朝一回、コイントスをする。コインの裏表を当てた者が、外した者から一ドルずつ徴収し、翌朝、またコイントスを行う。これを繰り返したところ、一〇日目に一〇回連続して当てた者が約二二万人となり、それぞれが約一〇〇〇ドルを獲得した。バフェットはこう記している。「一〇〇〇ドルを手にした者は謙虚に振る舞おうとするかもしれないが、カクテルパーティーで魅力的な異性に出会ったりすると、自分がどのようなテクニックを用い、どんなすばらしい洞察力を働かせてコイントスで成功を収めたか、自慢してしまうことがある」。さらに一〇日間続けると、二〇回連続で当てた者が二一五人残り、それぞれ約一〇〇万ドルを手にした。すると、これらの者は『毎朝三〇秒働いて、二〇日間で一ドルを一〇〇万ドルに増やす方法』といったタイトルの本を出版し、講演会のチケットを売るのだ。どこかで聞いたような話ではないだろうか。

このように、ランダム性は投資成績に貢献する（あるいは投資成績をめちゃめちゃにする）が、そのことを十分に認識している者はほとんどいない。だから、今までうまくいっていた戦略にも危険が潜んでいることは、見逃されがちなのだ。

タレブの考え方が一目でわかるようにするため、次ページに『まぐれ』の表の一部を引用する。左の語群は実態を、右の語群はその実態がどう勘違いされやすいかを示している。

この二分法は純然たる輝きを放っていると思う。我々はみな、物事がうまくいっているとき、運が能力のように思えることを知っている。偶然の出来事も、因果性があって起きたように感じる。そして「運がいいだけの愚か者」が、やり手の投資家に見える。もちろん、ランダム性がこ

運	能力
偶然性	必然性
確率的	確定的
思い込み、憶測	知識、確信
理論	現実
逸話、偶然	因果律、法則
生存バイアス	アウトパフォーマンス
運がいいだけの愚か者	やり手の投資家

うした錯覚を引き起こす可能性があると知っていたところで、運に恵まれただけの投資家と、能力を持った投資家の見分けがつきやすくなるわけではない。それでも、つねに見分けようと努力する必要がある。

タレブの重要な論旨は、基本的にすべて私の考えと一致する。

●投資家はいつも「まちがった理由によって」正しい（あるいはまちがっている）とみなされる。ある投資家が、ある企業にとって良い出来事が起きると期待して、「その株式を買う」→「期待していた出来事は起きない」→「それでも相場に引っ張られ、その銘柄の株価が上昇する」→「その投資家がやり手とみなされる（そして、当人も例外なくその評価を当然と受けとめる）」といった具合にだ。

●決断が正しかったのかどうかを結果から判断することはできない。にもかかわらず、人々は結果で評価を下す。そもそも未来は未知なのだから、良い決断とは、それを下したときに最適だったものである。したがって、正しい決断が良い結果につながらないことは多々あり、逆の場合も同じことが言える。

●短期的には、ランダム性そのものが、あらゆる結果を生み出しうる。相場変動の影響をまともに受けるポートフォリオの場合、マネジャーの技量の有無という要素は、相場の変動によって簡単にかき消されてしまう可能性がある。そしてもちろん、相場の変動はマネジャーの技量とは関係ない（つねに相場変動のタイミングを正しく予測できる稀有《けう》な人材であれば話は別だが）。

●こうした背景から、投資家はしばしば分不相応な評価を受ける。たった一度のすばらしい功績で名声を得ることもあるが、その功績が偶然の産物でしかない可能性もあることは明らかだ。こうした「天才」たちの中で、二〜三回連続して成功する者はほとんどいない。

●したがって、特定のマネジャーの実力を判断するには、膨大な観察記録（何年分ものデータ）が必要不可欠である。

二〇〇二年一一月一一日付　顧客向けレター「リターンはどこから来るのか」より

〜　〜　〜

タレブが「違った歴史」（起きた可能性がそれなりにあったと思われる別の出来事）と呼ぶ概念は非常に興味深く、そして特に投資の世界に当てはまるものである。

多くの人は未来が不確実性で覆われていることを認めているが、少なくとも過去は既知で不動だと感じている。しょせん過去は歴史であり、絶対であり、不変だ。だがタレブは、実際に起こったことは、起きる可能性があったことの小さな集まりにすぎないと指摘している。したがって、ある計略あるいは行動が（実現した環境下で）良い結果をもたらしたとしても、その背景にあった決断が賢明であったとは限らないのだ。

もしかすると、最終的にその決断を成功に導いたのは、起きるとはまったく考えられていなかった出来事であり、運が良かっただけかもしれない。だとすれば、（結果的にうまくいった）その決断は軽率だった可能性もある。そして、数多くの「違った歴史」のどれかが実現していれば、その決断は誤ったものになっていたかもしれない。

それでは、起きる可能性がきわめて低かった結果が幸運にも実現した場合、その可能性に賭けて決断を下した者をどう評価すればよいのだろうか。これは詳しく論じるに値する良い疑問だ。

一九六三年にウォートン・スクールに入学して私が最初に学んだことの一つは、決断の良し悪しは結果で判断されるものではないという点だ。決断が良い結果につながるかどうかは、あとから起きた出来事によって決まるのであり、そのような出来事は多くの場合、予想の範囲を超えている。タレブの著書を読んで、こうした考えはいっそう強固なものとなった。タレブは、偶然が軽率な決断を良い結果へ、すぐれた決断を悪い結果へと導く可能性に焦点を当てているのである。

すぐれた決断とは、どのようなものだろうか。たとえば、ある人がマイアミでのスキーリゾート建設を決断したとする。三カ月後、フロリダ州南部を暴風雪が襲うという異常気象が発生し、三メートル超の積雪をもたらした。その結果、開業直後のシーズンにスキーリゾートは巨額の利益を生み出した。このことから、スキーリゾート建設はすぐれた決断だったと言えるだろうか。答えはノーである。
すぐれた決断というのは、論理的で知力に秀でた情報通の人が下した決断で、その時点、つまり結果がわかる前の段階において、すぐれているとみなされたものだ。この基準に照らし合わせると、マイアミのスキーリゾート計画は愚行に見える。

損失リスクの場合と同様に、ある決断が正しいものとなるかどうかを左右する多くの要因は、あらかじめ知ったり、数値化したりすることができない。堅実な分析に基づいて、すぐれた決断を下したにもかかわらず、異常事態によって不利益を被った者がいたのか、またヤマを張ったことで利益をあげた者がいたのかを確実に知るのは、事が起きたあとでも難しいかもしれない。つまり、誰が最良の決断を下したのかを知ることは困難なのだ。一方で、過去のリターンは容易に評価できるため、誰が最も儲かる決断を下したのかはわかりやすい。「すぐれた決断」と「儲かる決断」は混同されがちだが、洞察力のある投資家はその違いを十分に認識しているはずだ。

長期的には、すぐれた決断が投資利益をもたらすと信じるほかない。だが短期的には、すぐれた決断が投資利益につながらなかったとしても、冷静に振る舞わなければならない。

14章で紹介した「知ってる派」の投資家は、未来は知りえると考え、未来の状況を断定し、あるシナリオのもとでリターンが極大化できるように設計したポートフォリオを組む。そして、他の可能性

については おおむね無視する。一方、次善の策も考慮する「知らない派」の投資家は、実現しそうだと思われる複数のシナリオにおいて好リターンがあげられ、その他の場合でも悲惨な結果にはつながらないポートフォリオを組むことを重視する。

「知ってる派」に属する投資家は、出てくるサイコロの目を予測し、成功すれば自らの鋭い先見の明ゆえとみなし、うまくいかなければ不運のせいにする。成功した場合には、「彼らは本当に未来が予測できたのか、そうではないのか」と問う必要がある。確率論的なアプローチをとる「知らない派」の投資家は、結果はおおむね神頼みであり、それゆえ（特に短期的には）うまくいってもいかなくても、自分たちの力量による部分はある程度、限られていると理解している。

「知ってる派」はサイコロの最初の一振りか二振りだけで、即座に、そして何の疑いもなしに仲間を勝ち組、負け組のどちらかに仕分ける。「知らない派」は自分たちの実力は一回だけでなく、何回もサイコロを振ってから評価すべきだと（そして、サイコロはごくまれにしか振れない場合もあると）理解している。したがって、「知らない派」は慎重で、次善の策も考慮する自分たちのアプローチが、目先は平凡な成績しか生み出さないかもしれないことを受け入れる。一方で、自分たちが卓越した投資家かどうかは、長い目で見れば明らかになると確信している。

短期の利益と損失は詐欺師のような存在である。どちらも実際の投資能力の有無を示すとは限らないからだ。

予想外の好リターンは予想外の低リターンの裏返しである場合が多い。一年間で高いリターンを記録したとしても、その数字はマネジャーの実力に見合っていない可能性がある。また、そこからマネジャーがとったリスクは読み取りにくい。それでも、人々は高リターンをあげた年の翌年に成績が落ち込むと驚く。いつだって投資家は、短期の利益と損失がどちらも投資能力を反映するとは限らない点、そして、その根底に何があるのか理解するために詳しく調べることの重要性に気づかないのだ。

投資パフォーマンスとは、物事が動いたときにポートフォリオがどうなるか、である。人々は結果の数字にこだわるが、問いただすべきは「起きた出来事（そして、実現しなかったものの、起きる可能性があった出来事）をポートフォリオ・マネジャーは本当に認識していたのか」、「ほかの出来事が実現していたら、パフォーマンスはどうなっていたのか」である。この「ほかの出来事」こそタレブが言うところの「違った歴史」である。

二〇〇六年一二月七日付　顧客向けレター「あるヘッジファンド破綻の教訓」より

〜　〜　〜

タレブの主張は斬新で挑発的だ。ランダム性が投資成績に及ぼしうる影響力の甚大さに気づくと、あらゆることがまったく違う視点から見えるようになる。

「知ってる派」の行動は、あらかじめ知り、対処することができるたった一つの未来という考え方に基づいている。私が属する「知らない派」は、将来の出来事について確率分布の概念を使って考える。両派の間には大きな隔たりがある。「知らない派」は、最も起きる確率の高い結果が一つあると考える一方で、ほかにも起きる可能性のある結果は多々あり、その「ほかの可能性」をひとくくりにすると、それが起きる確率は「最も起きる確率の高い結果」よりも高いかもしれないことを知っている。

不確実な世界に対するタレブの考え方は、私のものと非常に似通っている。投資収益に関して私が信じ、勧めていることのすべては、この「知らない派」の姿勢に基づいている。

●知ることが難しいマクロの世界（経済、市場全体のパフォーマンス）について予測し、それに基づいて決断するよりも、知りうること（業界、企業、個別銘柄）の中から割安な投資先を見つけようとするのに時間を使うべきである。

●未来がどうなるのか正確に知ることができない点を考慮すると、資産の本質的価値を拠り所にする必要がある。そのためには、本質的価値について分析に基づいた確固たる見解を持ち、本質的価値よりも安く買える機会が生じたら動くことだ。

●起こりうる結果の多くは逆風となる公算が大きいため、ディフェンシブな投資を実践する必要がある。好ましい結果が生じたときに最大限のリターンを確保することよりも、悪い結果が生じた場合に確実に生き残れるようにすることが重要である。

●成功する確率を上げるには、市場が極端な状況になったときに群集とは逆の方向に動くこと、つまり相場の低迷時には積極果敢に、高騰時には慎重になることが必要である。

●結果がどのような要因によって生じたのかはきわめて不明瞭であるため、検証を重ねて解明されるまで、戦略とその結果を（良かった場合も、悪かった場合も）懐疑的な目で見なければならない。

世界を不確実な場所と見るのなら、以下の点を同時に心がける必要がある。リスクに対して健全な尊重の念を抱くこと、未来がどうなるのかはわからないと意識すること、将来は確率分布の世界であると考え、それに基づいて投資すること、ディフェンシブな投資にこだわること、落とし穴に陥らないよう気を引き締めることだ。思慮深い投資とは、まさにこういうことだと私は考えている。

17 ディフェンシブに投資する

経験豊富な投資家がいる。大胆不敵な投資家がいる。しかし、経験豊富で大胆不敵な投資家はいない。

友人に個人的な投資アドバイスを求められると、私はまず相手のリスクとリターンに対する姿勢を理解しようと努める。この姿勢を明らかにしないで投資アドバイスを求めるのは、医者に症状を訴えもせずに、良い薬を処方してもらおうとするようなものだ。

だから私は「儲けることと損失を避けること、どちらを重視するか」と質問する。返ってくる答えは決まって「両方」だ。

だが、儲けと損失回避の両方を最大限に追求することはできない。各投資家はこの二つの目標に関するスタンスをはっきりさせる必要があり、そのためには、どうバランスをとるのが妥当か、決めなければならない。この決断は意識的、そして理性的に下すべきである。本章では、この決断に関する選択について論じ、私の提言を記したい。

この決断について大局的に論じるには、「攻め《オフェンス》と守り《ディフェンス》」という観点で考えるのが最良である。特に、スポーツになぞらえるとわかりやすいだろう。

議論の土台を築くために、まず一九七五年のファイナンシャル・アナリスト・ジャーナル誌に掲載されたチャールズ・エリスの名論文「敗者のゲーム」について言及したい。投資とスポーツを直接結びつけて論じたものに私が触れたのは、これが初めてだったかもしれない。そして、この論文はディフェンシブ投資を重視する私の姿勢に絶大な影響を及ぼした。

エリスはこの論文で、サイモン・レイモー博士が著書『負けないテニス』（原題は『平凡なテニスプレーヤーのための非凡なテニス』）で記した、テニスの試合に関する鋭い分析を紹介している。科学者で実業家のレイモーは、かつて自動車部品製造から信用情報サービスまで幅広い事業を展開していたコングロマリット、ＴＲＷ社の幹部も務めた人物だ（ちなみに社名の中央のＲはレイモーの頭文字である）。レイモーはプロ選手のテニスを、相手が打ち返せない速くて正確なショット（「ウィナー」）を多く決めた者が勝つ「勝者のゲーム」と評している。

プロ選手は、対戦相手に完璧なウィナーを決められる場合以外は、ほぼ自由自在に球を打ち分けることができる。強く弱く、深く浅く、左へ右へ、無回転で打ったり、スピンをかけたり、という具合にだ。アマチュア・プレーヤーのように、イレギュラーバウンドや日差しのまぶしさ、球威やスタミナや技術の不足、難しいところを狙う相手のショットに悩まされることはない。プロ選手は相手のほとんどのショットに反応し、ほぼ毎回、狙いどおりに打ち返すことができる。プレーの質が安定しているため、プロの試合スコアで「アンフォーストエラー（凡ミス）」が記録されることは比較的まれである。

一方、我々アマチュアが興じるテニスは、ミスが少なかった者が勝つ「敗者のゲーム」である。どちらかがボールをネットに引っかけるか、コート外に打ち出してしまうまで、ラリーは続く。言い換えると、アマチュアのテニスではポイントは勝ち取るものではなく、失うものだ（だから、レイモーはアマチュアのプレーヤーに、凡ミスをなくして勝つ戦略を推奨している）。この話を読んだとき、私はレイモーの損失回避戦略が、自分が投資で採用しようとしている戦略のテニス版だと気づいたのである。

チャールズ・エリスはレイモーの考え方をさらに一歩進め、投資に応用した。市場の効率性に関する自身の見解と投資の取引コストの高さから、エリスは主流の株式市場で儲けを追求しても、報われる公算は小さいとの結論に達した。そして、むしろ損失を回避することに力を注ぐべきだと説いた。この投資観は、私の目にこのうえなく魅力的に映った。

攻めの投資で行くか、守りの投資で行くかという選択は、投資家がどれだけのことを自分でコントロールできると考えているかによる。私自身は、投資にはコントロールできない要素が数多くつきまとうと見ている。

プロテニス選手は足、体、腕、ラケットがそれぞれA、B、C、Dという動きをとった場合、ボールは必ずEの弾道で飛んでいくと確信している。そこに、ランダムに変化する要素はほとんど存在しない。だが、投資はイレギュラーバウンドと予期せぬ事態の連続で、コートのサイズやネットの高さも絶えず変わる。景気や市場の動きはきわめて不明確で変化しやすく、他のプレーヤーの思考や行動がつねに環境を左右する。いくら自分がやるべきことを完璧にこなしても、他の投資家が自分のお気に入りの銘柄をないがしろにする、経営陣が会社にとってのチャンスを無駄にする、政府が規制を変更する、大規模な天災が起きる、といった事態が生じる可能性があるのだ。

プロテニス選手は自分でしっかりと球をコントロールできるのだから、ウィナーを決めてポイントを取るのが当然だ。甘い球を打てば、相手にウィナーを決められてポイントを奪われるため、つねにコントロールを心がけていなければならない。一方、投資家がコントロールできるのは投資成績のごく一部だけで、難しいショットを繰り出さなくても、大儲けできてしまう（そして、他の投資家よりも長生きできてしまう）場合すらあるのだ。

つまり、非常に能力の高い投資家でもミスショットを放ってしまうことがあり、攻撃的すぎる一打で簡単に試合を落としたりもする。したがって、すぐれた投資家になるためには、守り（物事が悪い方向に行かないよう、注力すること）が重要な要素となる。

≀　≀　≀

私が投資の魅力と感じる点はいろいろある。そして、そのほとんどがスポーツの魅力と共通している。

●**競争である**……成功する者と失敗する者がおり、その違いが明白である
●**数量化できる**……数字で結果が出て、成否がはっきりとわかる
●**実力主義の世界である**……長期的には、よりすぐれた投資家がより高いリターンを得る
●**チームワークが物を言う**……一人でより、グループで効率よく取り組んだほうが良い成果が得られる
●**満足感とおもしろさが味わえる**……ただし、勝った場合のほうがより強く味わえる

これらのプラス点により、投資は参加する価値が非常に大きい活動となりうる。一方で、スポーツと同様にマイナス面もある。

●攻撃的になることで高い成果が出る場合もあるが、長期的にはあまりうまくいかない
●不運なイレギュラーバウンドのせいで、悔しい思いをさせられることがある
●持続性や成績の一貫性といった面に十分な注意が向けられないままに、短期的な成功が広く認められてしまう場合がある

このように投資とスポーツは非常に似通っているため、そこで必要とされる決断にも共通する点が多いと私は考える。

アメリカン・フットボールのゲームについて考えてみよう。アメフトの場合、フィールド上でプレーするのは一チーム一一人で、選手交代の制限はない。各チームには通常、攻撃専門のオフェンス要員一一人と守備専門のディフェンス要員一一人がおり、攻守交替の際にはフィールドの一一人全員が入れ替わる。ボールを持った攻撃側のチームは、四回以内のプレーで一〇ヤード（約九メートル）以上、前進しなければならない。できなかった場合は審判が笛を吹き、時計が止められる。ここで相手チームに攻撃権が移り、それまで攻撃していたチームのオフェンス要員一一人はフィールド外に出る。交代でディフェンス要員一一人が入り、敵の前進を止める役割を担う。

投資の比喩として使うのにアメフトは適しているだろうか。正直に言って、私にはそうは思えない。投資の世界に笛を吹く審判はおらず、攻守が切り替わるタイミングはなかなかわからない。もちろんタイムアウトの時間もない。

むしろ投資は、米国以外の国で「フットボール」として親しまれているサッカーに近いと思う。サッカーでは選手交代の制限があり、各チーム一一人の選手が基本的に最初から最後までフィールド上でプレーする。攻撃専門や守備専門の人員はおらず、それぞれの選手が攻撃も守備もこなす必要がある。つまり、一人ひとりが不測の事態に対処できなければならない。チーム一丸となって得点したり、それを上回る失点を防いだりする能力を、一一人の選手全員が身につけていなければならないのだ。

サッカーチームの監督は、攻撃的に行く（たくさん得点し、失点はそれよりも少なく抑えようとする）か、守備的に行く（相手の攻撃を封じ、自分たちは一回でもゴールを決めることをめざす）か、あるいは均等にバランスをとるかを考えて、出場メンバーを決める必要がある。試合中にオフェンス要員とディフェンス要員を入れ替える機会は多くないとわかっているため、監督は勝てるメンバーを選び、ほぼ固定して使わなければならない。

投資も同じだと私は考える。市場の状況に合わせてタイムリーに戦術を変更する能力を持った者は（もしいたとしても）ごくわずかだ。だから、投資家は一つのアプローチ、それも、さまざまなシナリオにおいて通用すると期待されるものを貫くべきである。儲かる銘柄で、多少の損失は打ち消せるほど、たくさんの利益をあげようとする攻めのアプローチもあれば、相場が良い時期には一定の利益が確保でき、悪い時期に他の投資家よりも少ない損失で済むようなディフェンス重視のアプローチもある。戦術的なタイミングはおおむね無視し、卓越した銘柄選択によって良い時期にも悪い時期にも市場に勝てるよう、攻守のバランスをとるアプローチもある。

オークツリーでは、はっきりとディフェンス重視のアプローチを採用している。相場が良い時期には、我々は指数と同程度のパフォーマンスがあげられれば十分だと（そして相場がきわめて堅調な場合は、いくらかアンダーパフォームしてもよいと）考えている。良い時期には、平均的なパフォーマンスでもかなりの利益が出るため、平均的な成績しかあげられないという理由で解雇されるマネジャーも多くはないだろう。相場が悪い時期こそアウトパフォームすることが不可欠という考えから、オークツリーのポートフォリオはそうした時期に平均を上回る成績があげられるよう組まれている。良い時期に平均的な成績をあげ、悪い時期にアウトパフォームすることができれば、サイクル全体を通して見た場合に、平均を下回るボラティリティで平均を超える成績が達成されることは言うまでもない。顧客も、他の投資家が苦しんでいるときにアウトパフォームする喜びを得られるのだ。

二〇〇三年九月五日付　顧客向けレター「あなたのゲームプランは？」より

読者にとっては、自分が点を取ることと、敵に点を取らせないことのどちらが重要だろうか。投資においては、儲かる銘柄に投資するのか、損をしそうな銘柄を避けようと心がけるのか（もっと適切な言い方をすれば、この二つのバランスをどうとるのか）。これらの点をよく考えずに行動を起こすのは非常に危険である。

ところで、攻めと守りのどちらを重視するかという問いに正解はない。成功へとつながる可能性のある道はいくつも存在するだろうし、投資家の決断には、それぞれの性格や好み、投資能力に関する自信の度合い、投資対象となる市場や顧客の特性が反映されるはずだからだ。

∾　∾　∾

投資における攻めと守りとは、どういうことだろう。攻めのほうは定義しやすい。平均を上回る利益を追求するために、積極果敢な戦術を採用し、高いリスクをとることだ。では、守りとは何か。ディフェンシブな投資家は、正しい行動をとることよりも、まちがった行動をとらないことに重点を置く。

正しい行動をとることと、まちがった行動を避けることは、別なのだろうか。表面的には同じように見える。しかし、よくよく考えると、それぞれの場合に必要とされる心構え、そして、それぞれの目的で採用される戦術には大きな違いがある。

守りと言うと、悪い結果を避けようとすることと大差ないように思えるかもしれないが、それほど後ろ向きでも、野心に欠けるわけでもない。むしろ守りの投資は、プラス要素を取り込むよりもマイナス要素を避けることによって、そして時として輝かしい成果をあげるのではなく、緩やかかもしれないが継続的に前進することによって、より高いリターンを狙うアプローチと見ることができる。

投資における守りには、二つの大原則がある。一つ目は、損失を出す資産をポートフォリオに入れないことだ。これは、幅広く綿密な調査を行うこと、厳格な投資基準を採用すること、低価格と十分な「誤りの許容範囲」（詳しくは後述）を求めること、持続的な繁栄やバラ色の予測や不透明感のある出来事をあまり積極的に投資の材料としないこと、によって実行できる。

二つ目の原則は、相場が悪い時期、とりわけ暴落による市場崩壊が起きるリスクがある時期を避けることだ。そのためには、損失を出す資産をポートフォリオに入れないという個別の対応に加えて、慎重にポートフォリオを分散化させること、ポートフォリオ全体でリスクを抑えること、そして全般的に安全性に対する選好を強めることが必要となる。

集中投資（分散投資の反対）とレバレッジは、攻撃的な投資の典型例だ。うまくいけばリターンの拡大につながるが、うまくいかなかった場合は大きな打撃をもたらす。攻撃的な戦術は、「上《じょう》の上《じょう》」か「下《げ》の下《げ》」の結果を生み出す可能性を秘めているのだ。こうした手段に頼りすぎれば、市場環境が悪くなった場合に投資家生命を脅かされかねない。一方、ディフェンシブな戦術を採用すれば、厳しい時期を乗り切り、賢明な投資がやがて実を結ぶときまで生き残れる可能性は高まるだろう。

投資家は好ましくない事態に備えなければならない。金融市場で生じる事象の多くは、おおむね十分に予期できる範囲のものだが、それでも危険なストラクチャーや過剰なレバレッジのために、ほんの一日、悪い日があっただけで、投資家生命を絶たれる可能性もあるのだ。

とはいえ、話はそんなに単純なのだろうか。悪い日に備えろと言うのは簡単だが、悪いとはどの程度のことなのか。最悪のケースはどのようなものか。いつその日が来てもよいように、つねに準備していなければならないのか。

投資における他のすべてのことと同じく、これは黒か白とはっきり答えが出る問題ではない。投資家がとるリスクは、当人がどれだけのリターンを追求するのかによって変わる。ポートフォリオにどの程度、安全性の要素を組み込むのかは、どれだけの潜在リターンを進んであきらめるのかによる。正解などない。あるのはトレードオフ（二律背反）の関係だけだ。だから私は、二〇〇七年一二月に出した顧客向けレターの最後に、以下のまとめの文章を書いたのである。「逆境で生き残る能力を確実に身につけることは、良い時期にリターンを最大化することと両立しない。投資家はどちらか一つを選択しなければならないのだ」

二〇〇八年五月一六日付　顧客向けレター「同じ穴の狢《むじな》」より

ディフェンシブ投資に必須の要素は、ウォーレン・バフェットが言うところの「安全域」もしくは「誤りの許容範囲」である（バフェットはその時々でこの二つのどちらかを使っているが、意味の違いはないようだ）。この点についてはページを割いて論じるに値する。

未来が予想どおりの展開になるのなら、投資で成功することは難しくない。景気がある方向に動く、あるいは特定の産業や企業がほかよりも好調になるという想定のもとでは、利益をどうあげればよいか、迷うことはまずない。期待どおりに物事が動けば、狙いを定めた投資で大きな成功を収めることも可能だ。

だが投資家は、期待どおりにならなかった場合にどうすべきか、多少は考えたくなるかもしれない。つまり、期待どおりにならなかったとしても、許容できる結果を出すにはどうすればよいのか。その答えが「誤りの許容範囲」である。

ある貸し手が融資を行うときのことを考えてみよう。状況に変化がなければ、たとえば景気後退が起きなければ、あるいは借り手が同じ仕事を続けていれば、きちんと返済される融資を行うことは難しくない。だが、状況が悪化しても融資を返済してもらうには、どうすればよいのか。ここでも答えは「誤りの許容範囲」である。もし借り手が失業しても、貯蓄や売却可能な資産、または頼りにできる別の収入源があれば、融資が返済される可能性は高くなる。これらの要素は貸し手に「誤りの許容範囲」を与える。

違いは鮮明だ。「誤りの許容範囲」を重視し、余力のある借り手にしか融資を行わない貸し手は、貸倒損失を出すことがほとんどない。こうした融資基準の厳格な貸し手が取り合わない融資需要は、信用力をさほど重視しない貸し手によって吸収される。積極果敢な貸し手は、良好な環境が続くかぎり、慎重な貸し手よりも賢く見える（そして儲かる）。慎重な貸し手が報われるのは悪い時期のみで、それも低水準の貸倒損失という形でしか見えない。「誤りの許容範囲」を重視する貸し手は、「上の上」の利益を獲得できないとしても、「下の下」の状況は避けられる。守りを重視するとはそういうことなのだ。

「誤りの許容範囲」について、別のたとえ話を挙げよう。ある投資家が、一〇〇ドルの価値が出ると見込んでいる資産がある。これを九〇ドルで購入すれば、儲かるチャンスを手にするが、見込みが楽観的すぎて損をする可能性もいくらかある。だが七〇ドルで購入すれば、損をする可能性は低下する。購入価格を二〇ドル引き下げることで、見込み違いの許容範囲が広がる一方、利益を得る機会も確保できるのだ。低価格は「誤りの許容範囲」の究極の源なのである。

つまり、選択肢ははっきりしている。攻撃的な戦術でリターンの最大化をめざすか、「誤りの許容範囲」によって防御の機能を組み込むか、である。完全に両立させることはできない。攻撃的に行くか、守備的に行くか、両方を混ぜ合わせるか（その場合、どのようにバランスをとるか）という問題なのだ。

並外れた利益の獲得を狙うか、損失を回避するか。二つの投資アプローチのうち、私は後者のほうが確実だと考える。たいていの場合、利益を獲得するには将来起きる出来事についてある程度、正しく予測することが必要だが、有形資産価値が存在し、群集の期待があまり高くなく、価格が低いことが確かめられれば、損失は極小化できる。私の経験から言って、より一貫した形で遂行できるのは損失回避のアプローチである。

投資家は、リターン獲得のための努力とリスクの抑制、つまり攻めと守りのバランスをとることを意識しなければならない。私がポートフォリオ・マネジャーとしてのキャリアをスタートさせた債券投資の世界では、リターンは限定されており、マネジャーの力量は損失回避という形で最大限に発揮される。リターンの上限が実際に確定している債券の場合、変動リスクは下方に偏っており、それを回避することが投資のカギとなる。つまり、債券投資家として成功するには、元が取れる債券をどれだけ保有するかではなく、元が取れない債券をおおむね排除できるかどうかが問題となる。グレアム、ドッド著の『証券分析』によれば、このような排除を重視することで、債券投資は「消去法のアート」となる。

一方、株式など価格が上向きやすい資産の分野で投資するには、損失を回避するだけでは不十分である。リターン獲得の可能性もあるはずだからだ。債券投資家は概して守りの投資に専念することが

~ ~ ~

できるが、債券分野にとどまらない投資家、とりわけ高リターンを追求する投資家は、攻めと守りのバランスをとらなければならない。

この「バランス」という言葉こそカギである。守りだけでなく攻めも必要ということは、その比重について無関心でよいという意味ではない。より高いリターンを追求したい投資家は、概してより大きな不透明性、つまりリスクを受け入れなければならない。債券投資で得られるよりも高いリターンを望むのなら、損失を回避するだけでは無理だ。ある程度、攻めることが必要であり、攻めれば不透明性も高まる。攻めに出るという決断は、自覚と知性を持って下さなければならない。

おそらくオークツリーの活動は、ほかのどんなことよりも守りを基盤としている（ただし、攻めは考慮しないという意味ではない。我々の投資活動のすべてが「消去法のアート」なわけではない。上振れ、下振れ双方の可能性を積極的に考えなければ、転換社債やディストレスト・デットや不動産への投資で成功することはできないのだ）。

投資はテストステロン（男性ホルモン）に満ちた世界だ。とても多くの人が、自分がどれだけすぐれているか、ホームラン狙いでバットを振れば何本柵越えするか、と考えている。「知ってる派」の投資家に自分のどこがすごいのかを語らせれば、過去に放ったホームランと、現在のポートフォリオの中から生まれるであろうホームランについて、大いに語るだろう。だが、一貫した成績をあげていること、あるいは最悪の年でもさほどひどい成績ではなかったことを語る者はどれだけいるだろうか。

過去三五年間に私が気づいたことの中でも特に印象的なのは、卓越した投資キャリアを築ける期間がいかに短いかという点だ。プロスポーツ選手の寿命ほどではないが、体を酷使しない職業の場合に比べるとかなり短い。

私が初めてハイイールド債の運用を担当した二五～三〇年前の時代から、しのぎを削ってきた企業はどうしているか。実は、当時のライバルのほとんどがもはや存在していない。さらに驚くべきことに、一五～二〇年前のディストレスト・デット投資の草創期に強力なライバルだった企業で、現在もこの分野で活躍しているところは一つもない。

みな、どうなったのだろう。多くは組織的な欠陥によってゲームプランを継続することができなくなり、姿を消した。そのほかは、ホームラン狙いでバットを振ったものの、空振り三振し、退場していった。

こうした事実は、大いなるパラドックスと言うべきものを生み出している。ホームランを打ち損ねたという理由で、投資マネジャー生命を絶たれる者は多くはないだろう。どちらかというと、三振の山を築いたせいで、つまり十分に点を稼げなかったからではなく、何度も繰り返しアウトになったために、引退に追い込まれるのだ。それでもなお、多くのマネジャーは、以下のようにホームラン狙いでバットを振っている。

●勝てるアイデアや、必ずこうなるという将来の見通しがあると確信しているときに、それに賭けて分散投資ではなく集中投資のポートフォリオを築く

●保有資産を頻繁に入れ替えたり、マーケットの微動にも適応しようとしたりして、過剰な取引コストを招く

●避けられない見込み違いや突然の不運が生じた場合に生き残れる力を確保することよりも、好ましいシナリオや望ましい結果に合わせたポートフォリオを組むことを重視する

これに対して、オークツリーでは「損失を回避することが自ずと全体の収益率を高める」と確信している。これは創業時からの当社のモットーであり、この先も変わることはない。我々はホームランを狙うのではなく、高い打率の維持をめざす。派手な勝利や輝かしいシーズン成績でメディアに大きく取り上げられる競合会社もあるだろう。だが、我々は一貫して好パフォーマンスをあげ、顧客に満足してもらうことで、生き残りつづけるつもりだ。

二〇〇三年九月五日付　顧客向けレター「あなたのゲームプランは？」より

5章の図表5－1と5－2は、リスクをとる見返りとして得られる利益があることを示している。もちろん、二つの図には違いがある。追加的なリスクを負うことで付随する大きな先行き不確実性を反映していないのが5－1で、反映しているのが5－2だ。5－2がはっきりと示すように、よりリ

スクの高い投資を行えば、生じうる結果の範囲は広がる。望んでいるリターンではなく、損失が発生する可能性も含まれるのだ。

リスクを負って高リターンをあげようとする攻めの投資は刺激的だ。望みどおりのリターンが得られる場合もあれば、強い失望を味わうこともある。そして、ほかにも考慮すべき点がある。難所だが大物がいそうな釣り場では、手練れの釣り人が集まってくる可能性も高くなる。対等に張り合えるだけの能力がなければ、競争に勝つどころか、餌食にされてしまうだろう。攻めの姿勢でリスクを負い、高いスキルが必要とされる分野で勝負するには、そのために必要不可欠な技能を身につけていなければならないのだ。

技能だけではない。攻めの投資には胆力と、忍耐強い顧客（他人の資金を運用するマネジャーの場合だが）と、頼りになる資本もいる。逆風が吹いたとき、それをやりすごすために必要なのだ。長期的あるいは平均的に見れば、投資家の決断そのものが良い結果をもたらす可能性はあるが、これらの条件がそろっていなければ、攻撃的な投資家は長期的に投資を継続することができなくなるかもしれない。

高リスクのポートフォリオを運用するのは、安全網なしで綱渡りをするようなものである。成功すれば感嘆の声とともに、高いリターンが得られるかもしれない。だが足をすべらせれば、投資家生命は危うくなる。

卓越したパフォーマンスを追求する際のカギは、成功をめざして大胆に動くことだ。投資家はまず第一に、ポートフォリオのリスクをどこまで高めるか、という基本的な決断を下す必要がある。分散化を図り、損失や市場平均を下回るパフォーマンスを回避するのか。あるいは、どれだけこれらの点に目をつぶり、より高いパフォーマンスをめざすのか。

中華料理店でもらったフォーチュン・クッキーの中の格言で、私のお気に入りのものがある。「慎重な人はめったに失敗しないが、すばらしい詩を書くこともめったにない」だ。私はこの「諸刃の剣」を表す言葉でいろいろ考えさせられ、多くのことを学んだ。たしかに慎重であれば、過ちを犯さずに済むかもしれないが、一方で偉業を達成することも容易ではなくなる。

個人的には、運用マネジャーには慎重さが必要だと思う。多くの場合、損失や悪い時期を避けることは、好成績を繰り返すことよりも達成しやすい。このため、リスク・コントロールに力を入れれば、長期的な好パフォーマンスの強固な礎《いしずえ》が築ける可能性が高まる。恐怖心を持って投資する、割安さと十分な「誤りの許容範囲」を求める、知らないことと自分ではコントロールできないことを認識している。これらはすべて、私が知る卓越した投資家の特徴である。

二〇〇六年九月七日付　顧客向けレター「大胆に動いて成功を摑め」より

本書で論じている他の多くのことと同じく、攻めるか守るかという選択は、簡単に答えの出るものではない。たとえば、こんなジレンマがある。多くの人は、うまくいかなかった場合に投資成績をひどく悪化させるようなこと（たとえば株を買う、あるアセットクラスに集中投資する、マネジャーに運用を任せるなど）を、積極的にやろうとはしていないように見える。しかし、うまくいった場合にリターンを著しく向上させることができるようにするためには、失敗した場合に大きな打撃をもたらすかもしれない方策を、積極的に行う必要があるのだ。

投資においては、ほとんどすべてのものが「諸刃の剣」となる。より高いリスクをとること、分散化せずに集中投資を行うこと、利益を増幅させるためにレバレッジを利かせることも、その例にもれない。唯一の例外は、純粋な個人のスキルだ。その他のすべての要因は、うまくいけばプラスに働くし、うまくいかなければ打撃をもたらす。だからこそ、攻めるか守るかという選択は重要であり、悩みがいがあるのだ。

この決断を、より高いリターンを強く追い求めるか、そこそこのリターンを甘んじて受け入れるか、の選択だと見る者は多い。しかし、思慮深い投資家にとっては、守りの投資は安定的な好パフォーマンスを達成しうるもの、攻めの投資はめったにかなえられない夢を追うためのもの、である。私自身は守りの投資を選ぶ。

ディフェンシブな投資をすれば、盛り上がっている、あるいはこれから盛り上がるであろう分野でのチャンスを見逃す可能性がある。投資家はバッターボックスでバットを担いだまま、ずっと球を見送りつづけることになりかねない。ほかの投資家に比べてホームランの数は少ないかもしれない。一方で、三振や、併殺による攻撃終了を記録する回数も少なくて済むだろう。

ディフェンシブな投資と言うと高尚な響きがするが、要は「恐怖心を持って投資せよ」ということだ。損失の可能性を、知らないことを、質の高い決断を下しても不運や予期せぬ事態で台無しになる可能性を、恐れるのだ。そうすれば、思い上がりを防ぎ、慎重さを保ち、心のアドレナリンを分泌させつづけることができる。また適切な「誤りの許容範囲」にこだわって、状況が悪化した場合にもポートフォリオがその影響を受けずに済む確率を高めることができる。もちろん、状況が悪化せずに済めば、儲かる資産が自ずと全体のパフォーマンスを引き上げるのである。

二〇〇三年七月一日付　顧客向けレター「一番大切なこと」より

18 落とし穴を避ける

大きな過ちを犯さないかぎり、投資家が正しく行わなければならないことはほとんどない。

ウォーレン・バフェット

本書で私は、すばらしい投資成績をめざして努力することよりも、損失を回避しようとすることのほうが重要だと主張している。すばらしい投資成績は時として達成可能だが、たまに起こした失敗で台無しになるかもしれない。一方、損失の回避はより頻繁に、より確実に行うことができ、うまくいかなかった場合の影響も比較的小さくて済む。リスクの高いポートフォリオを組んでいる投資家は、価格が下振れした場合に信念を見失ったり、底値で売却したりする恐れがある。リスクが非常に低いポートフォリオであれば、強気相場でアンダーパフォームするかもしれないが、そこからさらに成績がひどく落ち込むことはない。リスクをとっていたなら、それよりもはるかに悪い状況が待ち受けているのだ。

損失を回避するには、損失をもたらす落とし穴の存在を知り、それを避ける必要がある。本章では、これまでに記した重要な問題のいくつかを一つにまとめて論じたい。そうすることで、トラブルの起きやすい点について投資家が警戒心を強めるだろうと期待するからだ。まずは、さまざまな種類の落とし穴が存在することを認識し、それらがどのような姿で現れるのかを知ってもらいたい。

過ちは基本的に分析や知識上の問題、あるいは心理的、感情的な問題から起きる、と私は考えている。前者は単純明快だ。我々が集める情報は量が少なかったり、不正確だったりする。また、まちがった分析プロセスを採用したり、計算方法を誤ったり、必要な計算を怠ったりすることもある。このような過ちは枚挙にいとまがないほど起きている。本書では分析プロセスについてよりも、投資の哲学や心構えについて多く論じたいため、ここでいちいち例を挙げることはしない。

ただし、私が「想像力の欠如」と呼ぶ、分析上の過ちについては若干述べたい。これは、起こりうる結果のすべてを思い描けないこと、あるいは、より極端な事態が生じた場合の影響を完全に理解していないことを意味する。この件については、次節で詳しく論じる。

過ちの心理的、感情的な原因の多くについては、これまでの章で論じてきた。強欲と恐怖、「自発的な不信の一時停止」と懐疑主義、うぬぼれと嫉妬、リスクを負うことで高リターンを追求しようとする欲求、そして自らの先見の明を過大評価する傾向。これらの要因はバブルの発生と崩壊を助長する。そして、ほとんどの投資家がその輪に加わり、同じまちがいを犯すのだ。

心理的要因に大きく分けられるが、それ自体を一つのタイプとして分類するのがふさわしいほど重要な落とし穴がある。市場のサイクルや熱狂を認識して反対の方向に動く行為を怠ることだ。サイクルやトレンドが極端な状態に達することは頻繁にはないため、よくある過ちの原因とは言えないが、最大級の過ちを生み出す要因となる。同調と降伏を強いる群集心理には抗しがたく、これに抵抗することが、投資で成功するための必須条件となる。この点についても、すでに述べた。

～　～　～

「想像力の欠如」、つまり起こりうる、ありとあらゆる結果を前もって理解できないことは、特に興味深い過ちであり、さまざまな形で影響を及ぼす。

前述したように、投資とはまさしく「未来に対処すること」だ。投資を行うには、未来の状況がどうなるのか、という点について見通しを持っていなければならない。通常、未来が過去と非常によく似た状況になると仮定する以外に、選択の余地はほとんどない。したがって、「過去五〇年間の米国株の平均PERは一五倍だが、むこう数年には一〇倍（あるいは二〇倍）になると予想する」と言う人はあまりいないだろう。

このように、ほとんどの投資家は過去、とりわけごく間近な過去を未来に投影する。なぜ、ごく間近な過去なのか。第一に、重大な金融事象の多くは長いサイクルの中で起きるため、極端な状況を経験した者が、次に同じようなことが起きる前に引退したり、死亡したりする場合が少なくない。第二に、ジョン・ケネス・ガルブレイスが語ったように、金融に関する記憶が持続する時間は極端に短い。そして第三に、過去の経験を思い出す機会は、最近の投資ブームを助長する要因となった「確実に儲かる話」によって、かき消される傾向がある。

たいていの場合、未来は実際に過去と似た状況になるため、過去を投影すること自体に罪はない。しかし、過去とは違った未来が訪れる重要な転換期には、過去の投影は失敗に終わり、投資家は巨額の損失を出したり、巨額の利益をあげる機会を失ったりするのだ。

だから、ここで私の親友ブルース・ニューバーグが発した鋭い意見について、振り返ることが重要である。確率と結果の間には大きな違いがある、という話だ。起きるはずのなかったことが起きたり、短期的な結果が長期的な確率とは無関係に生じ、同じ結果が集中して起きたりもする。たとえば、二つのサイコロを振って六のゾロ目が出る確率は三六分の一だが、五回連続して出る（そして、その後の一七五回はまったく出ない）可能性もある。長期的に見ると、そのような結果は考えている以上によく生じているものなのだ。

「起きるはず」のことをあてにしすぎると、それが実現しなかったときに投資家生命を脅かされかねない。前提となる確率分布について正しく理解していたとしても、起きるはずのことが起きると決めつけるわけにはいかない。そして、投資の成功をめざして行動するのなら、標準的な結果になることに過度の期待をしてはならない。むしろ、標準的な範囲から外れた結果について考慮する必要がある。

投資家はうまくいくことを期待するからこそ投資するのであり、その分析は起こりそうなシナリオに基づいたものになる。だが、ほかの可能性を無視してそうしたシナリオにこだわり、悪い結果が生じた場合に命取りとなる水準まで、リスクとレバレッジを高めてはならない。最近の金融危機における投資家の破綻のほとんどは、想定外のことが生じたためにもたらされたのだ。

金融危機は概して、前代未聞の事象が、それに対する耐性のない高リスク、高レバレッジの金融商品に降りかかったときに起きる。たとえば、住宅ローン関連デリバティブは、「米国全域で住宅価格が下落することは、これまで一度も（少なくとも統計が残っている現代では）なかったため、これからもありえない」という前提のもとで開発され、格付けされていた。しかし、やがて広範囲にわたる住宅価格の下落が起き、価格下落を想定せずに設計された仕組み商品は崩壊した。

話は少しそれるが、あることが起こりえないと仮定することで、かえってそれが起きる可能性が生じるという点は注目に値する。なぜそうなるかと言うと、絶対に起きないと信じる人々がリスクの高い行動をとり、環境を変えてしまうからである。二〇年以上前、「住宅ローン」という用語は「保守的」という言葉と切っても切れない関係にあった。住宅購入者は購入価格の二〇～三〇％の頭金を支払い、返済額は慣習的に月収の二五％までに制限されていた。また住宅価格の査定は慎重に行われ、借り手は収入と財務状況に関する書類の提出を義務づけられていた。しかし、過去一〇年間に住宅ローン担保証券（ＭＢＳ）に対する関心が高まると（それは住宅ローンの信頼性がずっと高く、債務不履行《デフォルト》の全国的な増加はありえないと考えられていたためでもあったのだが）、こうした伝統的な規範の多くは消えうせてしまった。その結果生じたのは、当然とも言える事態だった。

ここで、投資家が直面するジレンマへと話は戻る。「ありえなそうな災厄」に備えるために、投資家はどれだけの時間と資本を費やすべきなのか。デフレやハイパーインフレなどの極端な結果すべてについて保険をかけることは可能だが、それにはコストがかかる。そして、あとから見て保険をかける必要はなかった場合（大半はそうなのだが）、そのコストのせいで投資リターンは目減りするのだ。二〇〇八年の再現に備えて、安全性重視のポートフォリオを組むことはできるが、保有資産が米国債とキャッシュと金《きん》だけになるとしたら、それは実利的な戦略と言えるだろうか。おそらく違うだろう。したがって、落とし穴を避けることは重要だが限度がある、というのが基本原則になるだろう。そして、その限度は投資家によってそれぞれ異なる。

想像力の欠如には、もう一つ重要な側面がある。資産に期待リターンとリスクが付随すること、そしてそれは推測可能であることは誰もが知っている。だが、資産間の相関性について理解している者はほとんどいない。資産Aに起きた変化で資産Bにも変化が起きる、あるいは、資産Cに起きた変化が資産AとBに似たような影響を及ぼす、といったことだ。相関性の影響力（ひいては分散投資の限界）について理解し、予測することは、リスク・コントロールとポートフォリオ管理における重要な要素だが、成し遂げるのは非常に難しい。ポートフォリオ内の資産の連動性を読み誤ることは、投資上の過ちの重大な原因となる。

投資家はポートフォリオ内の資産の共通項をしばしば見逃す。ある自動車メーカーの株価が下落すれば、共通する要因の影響ですべての自動車株が同時に下がる可能性があることは誰もが知っている。だが、米国株全部、あるいは先進国の株式すべて、あるいは全世界の株式、あるいはすべての株式と債券の同時下落を起こしうる要因を理解している人は少ない。

したがって想像力の欠如とは、まず第一に、将来起こりうる極端な事象を予期しそこなうことであり、第二に、極端な事象の波及効果を理解しそこなうことである。最近の金融危機では、大規模なサブプライム住宅ローンのデフォルトを懸念した懐疑主義者もいただろうが、住宅ローン市場以外のはるかに広い領域へその打撃が及ぶことまでは見込んでいなかった。住宅ローン市場の崩壊を想定していた者は少なく、その結果、コマーシャル・ペーパー（ＣＰ）市場やマネー・マーケット・ファンド（ＭＭＦ）市場まで危うくなることを想定していた者はさらに少なかった。そして、リーマン・ブラザーズ、ベアー・スターンズ、メリルリンチなどが独立した金融機関として存続できなくなることや、ＧＭとクライスラーが倒産法の適用を申請し、救済を求めることを予期していた者など、まずいなかった。

〜　〜　〜

さまざまな局面で、心理的な要因は投資上の過ちを非常に興味深い形で引き起こす。心理的要因は証券価格に多大な影響を及ぼしうる。一部の投資家の見方が極端に一方向へと偏り、他の投資家の見方と釣り合いがとれなくなると、価格は過度に高くなったり、低くなったりする可能性がある。これがバブルの発生と崩壊の原因になるのだ。

投資家はどのような形で心理的要因の悪影響を受けるのだろうか。

●心理的要因の悪影響に屈服する
●他の投資家たちの屈服によって歪みが生じた市場に、知らず知らずのうちに参加する
●そうした歪みが存在している状況に乗じそこねる

これらはすべて同じことだろうか。そうとは思えない。とりわけたちの悪い心理的要因である「強欲」に焦点を当てて、これら三つの過ちについて詳しく分析してみよう。

強欲が行き過ぎると、証券価格は過度に上昇する傾向がある。その結果、予想リターンは低下し、リスクは高くなる。やがて当該資産は損失、あるいは乗じる機会をもたらす過ちを生み出す。

前述の三つの過ちのうち、一番目の「心理的要因の悪影響に屈服する」は、強欲の輪に加わり、買いつづけることを意味する。カネ儲けしたいという欲求が高じ、すでに価格が高すぎる水準にあるにもかかわらず、価格が上がりつづける、あるいは戦術が機能しつづけると期待して買えば、自ら失望を引き寄せるようなものだ。本質的価値を上回る価格で買い、損せずに利益をあげるには、すでに割高な資産の価格がさらに過大評価されるという並外れた幸運に恵まれなければならない。割高な資産が利益よりも損失をもたらす公算が大きいことは言うまでもない。

二番目は、「知らず知らずのうちに犯す過ち」とも言うべきもので、強欲にかられての行為とは限らない。たとえば、加入している確定拠出年金（四〇一k）プランがインデックス・ファンドを通じて恒常的、受動的に株式市場に投資しているかもしれない。ただ、知らず知らずのうちであったとし

ても、他の投資家の節度を欠く買いによって割高となった市場に参加すれば、自分も深刻な影響を受けかねない。

どの悪影響も、どの種の「まちがった」市場も、過ちを犯すのではなく、利益を生み出す機会としてとらえることもできる。したがって、三番目の過ちは、まちがったことを行うためではなく、正しいことをしそこなうために起きるものだ。平均的な投資家は、落とし穴を避けられれば幸運と言えるが、すぐれた投資家は落とし穴に乗じようとする。強欲によって株価が高すぎる水準に達していると き、ほとんどの投資家は買わないこと、あるいは売ることを望む。だが卓越した投資家は、価格が下落したときに利益があげられるように、空売りを行うかもしれない。三番目の過ち、つまり割高な株式を空売りしそこなうことは、前の二つとは異なる種類の「不作為の過ち」だが、おそらくほとんどの投資家にとって最も許容しやすい過ちだろう。

すでに述べたように、時として投資家は、主に「今回は違う」という思い込みから、バブルの発生と崩壊をもたらす新手の理屈を進んで受け入れる。これは心理的な要因による落とし穴の一つである。強気相場では、不十分な懐疑心によって投資家が以下の理屈を受け入れるために、こうした状況が頻繁に生じる。

●新しい技術や事業プロセスが世界を変える
●従来のルールとなっていたパターン（景気変動の波など）が、もはや当てはまらなくなる
●ルール（たとえば企業の信用力とその債務の価値を決める基準など）が変わった
●従来のバリュエーション尺度（株式の場合のPER、債券の場合のイールド・スプレッド、不動産の場合の還元利回りなど）が、もはや通用しなくなっている

振り子の揺れ方のせいで（9章参照）、投資家が過信したり、懐疑的になることを怠ったりしたときに、これらの過ちはしばしば同時に起きる。

投資家の熱狂を後押しする「世界の八番目の不思議」の背景には、つねに筋の通った（場合によっては洗練されてすらいる）理屈が存在する。だが、そうした理屈を語る者はたいてい、①新しい現象は過去との決別を意味する、②その現象に乗じるには、物事が正しい方向に進む必要がある、③その現象以外に起きうる現象がたくさん考えられる、④新しい現象の多くは悲惨な結果をもたらす可能性もある、といった点を失念しているのだ。

〜　〜　〜

落とし穴を避けるための重大な第一歩は、つねに目を光らせていることだ。強欲と楽観主義が組み合わさるたびに、人々は高リスクをとらなくても高リターンを生み出すと期待される戦略を追求し、

流行りの証券に高すぎる価格を支払い、すでに高価格の資産を、まだ値上がり余地があると見込んで保有しつづける。そして、あとになって誰もがまちがっていたこと、つまり非現実的な期待をふくらませ、リスクをないがしろにしてきたことが明らかになるのだ。だが、手痛い経験によって得た教訓も、落とし穴を避けるうえでそれほど役に立たない。重要なのは、落とし穴を予測しようとすることだ。具体的に説明するために、ここで最近の金融危機を振り返ってみたい。

市場は毎日、教訓を学ぶことのできる教室だ。投資を成功させるためのカギは観察と学習にある。二〇〇七年一二月、サブプライム問題が深刻化し、他の市場への伝染が進んでいることが明らかになるなかで、私はそこから学ぶべき教訓と思えるものを列挙しはじめた。そして、その作業を通じて、これらが直近の危機の教訓というだけでなく、つねに念頭に置いておくべき重要な教訓であることに気づいた。すでに他の章で触れた点も多いが、ここで一つにまとめておくことで役立つ場合もあるだろう。

我々が危機から学んだ（あるいは学ぶべき）点は以下のとおりだ。

●資金調達が容易すぎると、カネはまちがったところへと流入する

資金の需給が逼迫しているとき、投資家はどこにカネを投じるのが最良かという配分の選択を迫られ、忍耐と規律をもって決断を下すようになる。だが、資金が有り余っているのに投資先が少なすぎる状況では、する価値のない投資が行われるのだ。

●ふさわしくないところに資金が投じられると、悪いことが起きる

資金の需給が逼迫しているときには、しかるべき借り手でも門前払いされる。だが資金がだぶついていると、信用力の低い借り手でも容易に借りられる。その結果、返済の遅延や倒産、損失などが発生するのは必至である。

●資金が過剰に供給されると、投資家は低いリターンと狭い「誤りの許容範囲」を受け入れて、投資先を奪い合う

人々が何かを買おうと競い合うと、価格はオークションのようにどんどんつり上がっていく。よく考えれば、買い値をつり上げることとは、同じカネで買えるものが減るのと同じことだ。したがって、投資で競り合うことは、投資家がいかに低いリターンを要求し、いかに大きなリスクを進んで受け入れるかを示していると言える。

●リスク軽視の傾向が広がると、より大きなリスクが生じる

「何も悪いことは起きない」、「高すぎる価格はない」、「誰かが必ずもっと高い価格で買ってくれる」、「早くしないと他の人に買われてしまう」といった考えは、人々がリスクを軽視していることを表す。今回のサイクルでは、「買収対象企業の質が向上しているから、あるいは好条件で資金調達できるから、より高いレバレッジを利かせた企業買収も可能」という考えが広がった。その結果、好ましくない事態が生じた場合のリスクと、レバレッジに大きく依存するこ

との危険性がないがしろにされた。

●不十分な精査（デューデリジェンス）が投資損失をもたらす

損失を避ける最良の防御策は、洞察力を働かせて調査を行い、ウォーレン・バフェットが言うところの「誤りの許容範囲」にこだわることである。だが過熱した市場では、人々は損失を出すことではなく、機会を逸失することを懸念し、懐疑的な姿勢で時間をかけて行う分析は時代遅れとされてしまう。

●市場が熱狂に包まれると資金は革新的な投資商品へと集中するが、その多くは時の試練に耐えることができない

強気の投資家は何がうまくいくかばかりを考え、うまくいかないかもしれないことは考えない。熱狂が慎重さに取って代わり、人々は理解できていない目新しい投資商品に飛びつく。そしてあとになって、なぜそのようなことを考えたのかと疑問に思うのだ。

●ポートフォリオの中にある見えない断層線によって、無関係に見える資産の価格が連動する可能性がある

ある資産についてリターンとリスクを評価することは、その価格が他の資産との相対比較でどう動くか理解することよりも簡単だ。資産間の相関性は、特に危機時はその度合いが高まる

こともあって、過小評価されがちである。アセットクラス、業界、地理的分布といった面で分散化されているように見えるポートフォリオでも、厳しい時期にはマージンコール、売買が成立しない市場、全般的なリスク回避志向の高まりといった非ファンダメンタルズ要因が支配的になることで、すべての構成資産が似たような影響を受ける。

●心理的な要因やテクニカル要因がファンダメンタルズよりも強い影響力を発揮することがある

長期的に見ると、価値の創造と破壊は景気動向、企業業績、製品に対する需要、経営陣の能力などのファンダメンタルズによって起きる。だが短期的には、市場は資産の需給に影響を及ぼす投資家心理やテクニカル要因にきわめて左右されやすい。何よりも短期的な影響力が強いのは、投資家の信頼感だろう。したがって、どんなことが起きても不思議ではなく、予期せぬ理不尽な結果がもたらされる可能性もある。

●市場が変化し、従来のモデルが通用しなくなる

「クオンツ」ファンドがうまくいかないのは、主としてコンピュータ・モデルとその根底にある前提に不備があるからだ。コンピュータは、主に過去の市場で見られたパターンに基づいたポートフォリオ運用で利益をあげようと試みる。そうしたパターンに変化が起きること、つまり、パターンから外れた状況が生じることは予測できず、概して過去の規範の信頼性を過大評価してしまうのである。

●レバレッジは結果の度合いを増幅させるが、価値の増大にはつながらない

高リターンが見込まれる（十分なリスク・プレミアムがついた）お買い得価格の資産への投資を拡大するため、レバレッジを利かせることには大きな意味がある。しかし、低いリターンしか見込めない（リスク・プレミアムが小さい）資産、別の言い方をすれば適正あるいは割高な価格の資産への投資を増やすためにレバレッジを利かせることは危険と言える。不適切なリターンを適切なリターンに変えようとするためにレバレッジを用いることは、ほとんど無意味である。

●行き過ぎた状態は修正される

投資家心理が過度に楽観的で、物事は良い方向にしか行かないという前提を完全に織り込んだ価格が形成されている市場では、資本破壊が起きかねない。それは、投資家の前提が楽観的すぎることが判明したとき、悪い出来事が生じたとき、あるいはただ単に、高すぎる価格が自らの重みに耐えられなくなったときに起きる可能性がある。

これら一一の教訓のほとんどは、一つの言い方でまとめることができる。「投資可能な資金の需給バランスや投資意欲がどうなっているのか、身の回りにつねに注意を向けよ」である。供給可能な資金が少なく、それを貸し出す意欲も乏しいとどうなるのかはわかるだろう。価値のある投資が行われず、経済活動全般が低迷する可能性がある。いわゆる「信用収縮《クレジットクランチ》」だ。しかし、

それと逆の現象も同じぐらい注目に値する。決まった用語はないが、「資金が有り余っているのに投資先が少なすぎる」状況だ。

どのような呼び方であれ、二〇〇四～二〇〇七年に見られたような資金の供給過剰とそれにともなう慎重さの欠如は、その破壊的な影響力によって、投資家生命を脅かしかねない。こうした状況を認識し、対処することが必要なのだ。

二〇〇七年一二月一七日付　顧客向けレター「今回も違わない」より

世界的な金融危機は、さまざまな教訓を学ぶ絶好の機会となった。数々の重大な過ちが明らかになり、私が二〇〇七年一二月の顧客向けレターで列挙した教訓をもたらしてくれたからだ。落とし穴はいたるところにあった。危機にいたるまでの数年間、投資家はまったく不安知らずで、活気に満ちあふれてすらいた。「リスクはなくなった」と思い込んだ人々が懸念していたのは、損失を出すことではなく、機会を逃し、取り残されることだけだった。高リスクで実績のない革新的な投資商品が、危うい前提のもとで導入された。不透明な運用モデル（別名「ブラックボックス」）や金融エンジニア（別名「クオンツ」）、そして相場が良かった時期に積み上げられた運用実績に過度の信頼が寄せられ、レバレッジのかかった商品にレバレッジをかけて投資するという構図も生じた。

その結果、どのような事態が起きるのか、正確にわかっていた者はほとんどいなかったが、無茶なことをしているという感覚は持ちえたはずだ。特定の落とし穴を認識し、避けるのは難しかったかもしれないが、数多くの落とし穴が待ち受けていることを感じ、よりディフェンシブな投資姿勢を採用すべき絶好の機会は生じていた。そうできなかったことが、金融危機を招く大きな過ちとなったのである。

それでは投資家はどう振る舞うことができたのだろうか。以下に答えがある。

- ●お気楽で無謀な他の投資家の振る舞いに気づく
- ●下落に対する心構えをする
- ●資産（少なくともリスクの高いもの）を売却する
- ●レバレッジを引き下げる
- ●キャッシュ比率を高める（他人の資金を運用している者であれば、顧客にキャッシュを返却する）
- ●ポートフォリオ全般でディフェンシブな傾向を強める

このうちのどれを実践していても、効果はあっただろう。二〇〇八年の金融市場崩壊では、良い投資成績を記録した資産はほとんどなかったが、警戒心を強めれば、周りよりも損失を抑え、痛みを軽減することは可能だった。完全に下落を防ぐのはほとんど不可能だったが、少ない損失という形で相対的にアウトパフォームしていれば、下げ相場の時期もましにすごせ、相場の反転時に、その機運によりうまく乗じることができただろう。

危機には、いくつもの落とし穴が隠されている。まず、下げ相場に屈服して損失を出す可能性、次に殻に閉じこもることによってチャンスを逸する可能性だ。比較的、損失が出にくい時期には、人々はボラティリティのことをリスクとみなし、うまく折り合いをつけられると信じ込む傾向がある。それが本当なら、そのうち下げ相場に直面し、安値で投資を拡大して相場の回復に乗じ、長期的には高いパフォーマンスを記録するはずだ。しかし、ボラティリティと折り合いをつけ、冷静さを保つ能力を過信している場合（たいていはそうなのだが）、投資家は相場の谷底で過ちを起こしがちだ。自信と決断力を失った投資家は、底値で売って損失を確定させてしまい、その後の相場回復の波に乗る機会を自ら潰す可能性がある。これは投資における最も大きな過ちであり、サイクルに沿った投資家行動の中でも最もいただけないものだ。利益をあげる機会を永遠に失ってしまううえ、ポートフォリオの広い範囲に影響が及ぶ傾向があるからだ。

最近の金融危機で、その影響をまともに受けずに済んだ者がみなサイクルに反した行動をとっていたことから、サイクルに沿った行動は考えられうる最大の落とし穴と言える。上げ相場で強気のポジションを維持する（あるいは、さらに買い増す）投資家は、暴落とその後の回復に対する心構えが一番できていない者なのだ。

- 価格下落が投資家心理に最大級の衝撃を与えた
- マージンコールと担保資産の差し押さえが、レバレッジのかかった商品の崩壊を招いた
- 価格下落でポートフォリオの構成を見直す必要が生じ、マネジャーがその作業にかかりきりになっ

た

●いつもそうであるように、自信の喪失によって、多くの投資家がしかるべきタイミングでしかるべき行動をとることができなくなった

相対的にアウトパフォームしたところで懐具合がよくなるわけではないが、ディフェンシブな投資家と、精神的なダメージをあまり受けずに済んだその顧客は、下げ相場で周りより損失が少なかったことに心地よさを覚える。それが人間の性《さが》というものだ。このことは、二つの点で非常に重要な効果をもたらす。第一に、この経験によって、ディフェンシブな投資家は冷静さを保ち、底値での売却を迫る心理的な圧力に耐えることが可能になる。第二に、ほかの者よりも精神的にも財務的にも良好な状態にあるため、底値で買って暴落から利益をあげられる可能性がより高い。だから、ディフェンシブな投資家は回復期に概してアウトパフォームするのだ。

こうした状況が過去数年間に生じたことは言うまでもない。とりわけ二〇〇七年から二〇〇八年にかけて、金融市場は大打撃を受けた。革新的な金融商品に投資することや、高いリスクをとったり、レバレッジを利かせたりすることが重視されていたからだ。その反動で、二〇〇九年には史上最大の上げを記録した。下げ相場を生きぬき、その結果、到達した谷底で買うことは、すぐれた成功（特に相対的に見た場合の成功）の方程式である。しかし、それを実践するためには、まず落とし穴を避けることが必要なのだ。

過ちの方程式は単純明快だが、それが導き出される過程は無限にある。よくあるケースを以下に挙げよう。

●分析過程におけるデータ上、計算上のまちがいから、本質的価値の評価で誤りが生じる
●起こりうるシナリオ、あるいはその結果の範囲が過小評価されている
●強欲、恐怖、嫉妬、うぬぼれ、「不信の一時停止」、同調または降伏、あるいはこれらがいくつか組み合わさった状態が極限に達する
●その結果、投資家が過剰にリスクをとったり、回避したりする
●資産の価格が本質的価値から著しく乖離する
●投資家がこの乖離に気づかず、拡大を助長する行動をとりさえする

二次的思考ができる機敏で賢明な投資家は、分析上の誤りや他の投資家の不適切な反応を見逃さない。そして、過熱した市場で割高な資産を、冷え込みすぎた市場で割安な資産を見つけ出す。ほかの者と同じ過ちを犯さないように動き、あわよくばそれに乗じようとする。投資上の過ちが行き着くところは一言で簡単に定義できる。「本質的価値から離れた価格」である。ただし、それに気づき、しかるべき行動をとることは、それほど簡単ではない。

興味深くもあり、難しくもある点は、過ちの内容が時と場合によって移り変わることだ。価格は時に上がりすぎ、時に下がりすぎる。本質的価値から価格が乖離するのは、個別の証券やアセットクラスに限られることもあれば、市場全体（その市場も時と場合で変わる）に及ぶこともある。何かをしたことが過ちとなる場合もあれば、何かをしなかったことが過ちとなる場合もある。また強気のせいで誤ることもあれば、弱気のせいで誤ることもある。

そしてもちろん、ほとんどの人々は誤った方向に歩調を合わせて動く。人々が同調するからこそ、過ちは存在しつづけるのである。反対方向に向かって動くには、逆張りの姿勢をとらなければならない。その場合、長期間にわたって孤独感と、自分がまちがっているのではないかという疑念にさいなまれる可能性があるのだ。

本書で論じている他の課題と同じく、落とし穴を避け、過ちを認識してそれに乗じるのに役立つルールやアルゴリズムやロードマップはない。私が勧めるのは、落とし穴や過ちへの意識、柔軟性、適応力、そして環境から手がかりを掴むことに焦点を絞った姿勢を身につけることだ。

投資成績を向上させる方法の一つは（オークツリーでも積極的に実践しているつもりだが）、「今日の誤り」が何か考え、それを避けようとすることだ。

投資においては、以下のことが過ちとなる場合もある。

●買わないこと

●十分に買わないこと
●競り合いにおいて、もう一段高い値で買おうとしないこと
●キャッシュを持ちすぎること
●十分にレバレッジを利かせないこと
●十分なリスクをとらないこと

これらは、今年（二〇〇四年）には当てはまらないだろう。心臓手術を控えた患者に、「もっと会社に行っておくのだった」と悔やむ者はいない、という話をよく聞く。同じように、数年後に過去を振り返って、「二〇〇四年にもっと投資しておけばよかった」と後悔する者はいないと思う。

むしろ、今年の過ちは以下のことだったとやがて判明するだろう。

●買いすぎること
●積極果敢すぎる姿勢で買うこと
●競り合いで値をつり上げすぎること
●レバレッジを利かせすぎること
●非常に高いリターンを追求して、リスクをとりすぎること

投資においては、不作為《オミッション》、つまり、するべき行為をしなかったことが過ちになるときもある。だがいま現在の過ちは、おそらく「作為《コミッション》」、つまり、するべきではなかった行為をしてしまったことだろう。積極果敢になるべきときもあるが、いま現在は慎重になるべきときだと思う。

二〇〇四年一〇月二七日付　顧客向けレター「今日のリスクとリターン」より

最後になるが、「作為の過ち」（たとえば買うこと）が起きるときと、「不作為の過ち」（たとえば買いそこなうこと）が起きるときのほかに、これといって目立った過ちのないときもある点を、心に留めておくことが重要だ。投資家心理が落ち着いていて、恐怖と強欲の振り子が中心点に位置するとき、資産価格は本質的価値と同じ適正水準にある公算が大きい。その場合、差し迫ってとるべき行動はないかもしれないということを覚えておくのも大事である。やったほうが賢明ということが特にないときには、賢く行動しようというこだわりこそが、落とし穴となる可能性があるのだ。

19

付加価値を生み出す

付加価値を生み出す投資家のパフォーマンスは非対称だ。上げ相場で達成するリターンの規模（上げ幅）は、下げ相場で被る損失の規模（下げ幅）よりも大きい。相場環境が良いときに、逆境時の損失を超える規模のリターンを得るには、投資家個々のスキルに頼るほかない。これこそが、我々が追求する投資の非対称性だ。

リスクとリターンの面で市場と同等のパフォーマンスをあげることは難しくない。重要なのは、市場をアウトパフォームすること、つまり付加価値を生み出すことだ。そのためには、卓越した投資スキルと洞察力が必要である。終わりも間近な本章では、1章の内容へと話を戻し、並外れたスキルを持つ二次的思考者について論じたい。

本章の目的は、有能な投資家にとって付加価値を生み出すとはどういうことなのかを説明することにある。その目的を達成するために、投資理論で使われる二つの用語をあらためて紹介しよう。一つは、市場動向に対するポートフォリオの相対的な感応度を示す「ベータ」、もう一つは、個人的な投資スキル（これは私の定義である）、つまり市場動向とは無関係にリターンをあげる能力を示す「アルファ」だ。

前述したように、市場と同等のリターンを達成するのは容易だ。パッシブ運用のインデックス・ファンド（市場の指数を構成する銘柄すべてを、株式時価総額と同じ比率で保有するファンド）に投資すれば、市場と同じパフォーマンスがもたらされる。したがって、特定のインデックス・ファンドを選んで投資すれば、上値余地と下振れリスク、ベータ（あるいはボラティリティ）の大きさ、成長性、割高感と割安感、質の良し悪し、といった元になる指数の特徴を反映した、指数と同等のリターンが得られる。これは付加価値のない投資の典型例だ。

それでは、すべての株式投資家が白紙の状態からではなく、純粋に指数をまねした投資手法が可能というところから投資を始めるとしよう。投資家は受動的《パッシブ》に、指数を構成する銘柄をそれぞれ市場と同じ比率で買うことができる。この場合のパフォーマンスは元にした指数と同じになる。あるいは、能動的《アクティブ》に投資して、アウトパフォーマンスをめざすこともできる。

アクティブ投資家には数多くの選択肢が用意されている。第一に、ポートフォリオの構成を指数よりもアグレッシブにするか、ディフェンシブにするか、また、そのスタンスを恒常的にとるのか、市場のタイミングによって変えるのか、を決めることができる。たとえば、アグレッシブなスタンスを採用した場合、指数構成銘柄のうち、ほかのものよりも特に値動きの激しい銘柄のウェイトを引き上げる、あるいはレバレッジを利かせることにより、ポートフォリオの市場感応度を高められる。そうすると、ポートフォリオの「システマティック」リスク、つまり「ベータ」が上昇する（ただし理論では、この方法によりポートフォリオのリターンは増大するが、リターンの格差はシステマティック・リスクの上昇のみに起因するとされており、ポートフォリオのリスク調整後リターンは向上しない）。

第二に、投資家は自身の銘柄選択能力を発揮するために、指数とは異なるポートフォリオ構成にする決断も下せる。指数構成銘柄の一部のウェイトを増やしたり、減らしたり、構成から外したり、指数には入っていない銘柄を組み込んだりするのだ。そうすると、個別の企業で起きた特定の出来事や、それによって指数全体ではなく特定の銘柄だけで生じる価格変動に対するポートフォリオの感応度が変わる。ポートフォリオの構成が「非システマティックな」（「特異な」とも言い換えられる）理由によって、指数の構成と一致しなくなることで、ポートフォリオのリターンも指数のリターンから乖離する。ただし投資家自身が卓越した洞察力を持っていなければ、長期的にはこの乖離が相殺《そうさい》され、リスク調整後のパフォーマンスも指数と同じ水準に収斂していく。

1章で述べたような、すぐれた洞察力を持たないアクティブ投資家は、パッシブ投資家と大差がなく、そのポートフォリオのパフォーマンスがパッシブ運用のポートフォリオを上回るとは期待しがたい。攻め、あるいは守りを重視したり、さかんに売買したりと努力することはできても、リスク調整後のパフォーマンスはパッシブ運用のポートフォリオを上回るわけではない（非システマティック・リスクと無駄な取引コストのせいで、アンダーパフォームする可能性すらある）。

ただしこれは、市場の指数が一五％の上昇を記録したら、付加価値を生み出せないアクティブ投資家全員が同様に一五％のリターンを達成できるという話ではない。一口にアクティブ運用のポートフォリオといっても千差万別だ。ほかのポートフォリオをアウトパフォームするものもあるが、一貫して確実にというわけではない。全体として見ると市場の構成を反映しているが、それぞれのポートフォリオには独自の特徴がある。

たとえば、リスク選好が強くアグレッシブな投資家は、相場が良い時期に指数を上回るリターンをあげ、悪い時期に指数を超える損失を出すと考えられる。ここで登場するのがベータだ。投資理論において、ベータという言葉は相対的なボラティリティ、あるいは市場リターンに対するポートフォリオのリターンの相対的な感応度を意味する。ベータが一を上回るポートフォリオは比較する市場よりもボラティリティが高く、一を下回るポートフォリオは市場よりもボラティリティが低いとみなされる。市場リターンにベータを乗じて出てくる数字が、そのポートフォリオが達成する見込みのリターン（非システマティックなリスクとリターンを考慮しない場合の）である。市場リターンが一五％だとすると、ベータが一・二のポートフォリオは一八％のリターンを達成することになる（これにアルファを加減したものがトータル・リターンとなる）。

したがって理論では、リターンの増大はベータ（あるいはシステマティック・リスク）の上昇に由来することになっている。そして、システマティック・リスク以外のリスクの見返りとしてリターンが増大することはないとされている。なぜなのか。理論によると、市場が負担するリスクは本質的で不可避なリスク、つまりシステマティックで「分散不能な」リスクである。残りのリスクは、個別の銘柄保有に関する決断から生じる非システマティック・リスクだ。このリスクは分散化によって排除することができるのだから、わざわざそのリスクを負って追加的なリターンを求める投資家がいるだろうか。

理論では、ポートフォリオのパフォーマンス（y）は以下の数式で表される。

$$y = \alpha + \beta x$$

αはアルファ、βはベータ、xは市場のリターンを示す。ポートフォリオのリターンのうち、市場に関連するリターンは、ベータに市場リターンを乗じたものだ。これにアルファ（スキルに関連するリターン）を加えるとトータル・リターンが導き出される（もちろん、理論上はアルファのようなものは存在しない）。

私はリスクとボラティリティを同一視していないが、前述したように、ポートフォリオのリターンを考えるうえでは、そのポートフォリオ全体のリスクを踏まえるべきだと断言する。高リスクのポートフォリオで一八％のリターンを達成したマネジャーは、もっとリスクの低いポートフォリオで一五％のリターンを記録したマネジャーよりもすぐれているとは必ずしも言えない。カギとなるのはリスク調整後のリターンだ。ボラティリティ以外のリスクは数値化できないため、リスク調整後のリタ

期間	ベンチマークの リターン（%）	ポートフォリオの リターン（%）
1年目	10	10
2年目	6	6
3年目	0	0
4年目	−10	−10
5年目	20	20

マネジャーA

ーンも科学的な計算に基づいて導き出すのではなく、断定的に評価するしかないのだが。

もちろん、数式の中のアルファはゼロになるはず、という考え方にも私は異を唱える。誰もが持っているわけではないが、投資スキルは存在する。すぐれた洞察力、あるいは投資スキル（アルファ）を持つ投資家かどうか、つまり付加価値を生み出せる投資家かどうかを判断するには、リスク調整後のリターンに注目するしかないだろう。

アルファとベータを用いたモデルはポートフォリオ、ポートフォリオ・マネジャー、投資戦略、アセットアロケーション手法を評価するのに、非常にすぐれた方法だ。これを使えば、リターンを市場環境によるものと、マネジャーが生み出した付加価値によるものに分け、系統立てて考えることができる。たとえば、上の表を見ると、マネジャーAにまったくスキルがないことは一目瞭然である。

マネジャーBにもスキルはない（ベンチマークの半分の数

期間	ベンチマークのリターン（%）	ポートフォリオのリターン(%)
1年目	10	5
2年目	6	3
3年目	0	0
4年目	−10	−5
5年目	20	10

マネジャーB

期間	ベンチマークのリターン（%）	ポートフォリオのリターン(%)
1年目	10	20
2年目	6	12
3年目	0	0
4年目	−10	−20
5年目	20	40

マネジャーC

期間	ベンチマークのリターン（%）	ポートフォリオのリターン(%)
1年目	10	11
2年目	6	8
3年目	0	−1
4年目	−10	−9
5年目	20	21

マネジャーD

期間	ベンチマークのリターン（%）	ポートフォリオのリターン(%)
1年目	10	12
2年目	6	10
3年目	0	3
4年目	−10	2
5年目	20	30

マネジャーE

期間	ベンチマークのリターン（%）	ポートフォリオのリターン(%)
1年目	10	25
2年目	6	20
3年目	0	−5
4年目	−10	−20
5年目	20	25

マネジャーF

字を記録しただけである）。

マネジャーCも同様だ（ベンチマークの二倍の数字を記録しただけである）。

マネジャーDにはわずかながらスキルがある。

マネジャーEは高いスキルを持っている。

マネジャーFのスキルは、ボラティリティを許容できる顧客から見れば、非常に高いと言える。

これらの表から明らかなのは、「市場に勝つ」ことと「すぐれた投資」がまったく同義とは言えない点だ。マネジャーCの一年目と二年目の数字を見るとわかりやすいだろう。リターンの数字そのものだけでなく、そのリターンを得るためにどれだけのリスクをとったのかが問題なのである。

二〇〇二年一一月一一日付　顧客向けレター「リターンはどこから来るのか」より

〜　〜　〜

投資家のスキルを評価する際、またディフェンシブな投資家とアグレッシブな投資家の成績を比較する際には、これらの点を頭に入れておくことが重要だ。こうしたプロセスは「スタイル調整」とも言われる。

相場が悪い年には、ディフェンシブな投資家はアグレッシブな投資家よりも少ない損失を記録する。この場合、ディフェンシブ投資家は付加価値を生み出したと言えるのだろうか。必ずしもそうではない。相場が良い年には、アグレッシブな投資家がディフェンシブな投資家よりも高いリターンを達成する。アグレッシブな投資家のほうがすぐれていたと言えるのだろうか。もっとよく調べることなく同意する者は、ほとんどいないだろう。

一年分の投資成績を見ただけでは、投資家のスキルはわからないも同然だ。その投資家のスタイルから予測されるのと同等の数字が出ていれば、なおさらである。高いリスクをとる投資家が上げ相場で高いリターンを達成すること、あるいは保守的な投資家が下げ相場で損失を最小化することに、あまり意味はない。本当に重要なのは、長期的に見て、そしてその投資家のスタイルに合わない環境下

	アグレッシブな投資家	ディフェンシブな投資家
スキルがない	上げ相場で高いリターンをあげ、下げ相場で大きな損失を出す	下げ相場で出す損失はそれほど大きくないが、上げ相場であまり高いリターンはあげられない
スキルがある	上げ相場で非常に高いリターンをあげるが、下げ相場で出す損失は上げ相場でのリターンほどの規模にはならない	下げ相場で出す損失はそれほど大きくなく、上げ相場でかなり高いリターンをあげる

で、どのようなパフォーマンスを演じるのかである。

上の表を見るとよくわかるだろう。

この表の要点は、パフォーマンスの対称性と非対称性だ。スキルのない投資家は、市場と同等の、そして自分のスタイルに沿ったリターンしかあげられない。スキルがなければ、相場環境によってアグレッシブな投資家はリターンも損失も多くなり、ディフェンシブな投資家はリターンも損失も少なくなる。そのパフォーマンスは投資スタイルの選択だけが反映されたものである。これらの投資家は、自分のスタイルに合った相場環境では好パフォーマンスを演じるが、そうでなかった場合の成績は低迷する。

これに対して、付加価値を生み出す投資家のパフォーマンスは非対称だ。上げ相場で達成するリターンの規模（上げ幅）は、下げ相場で被る損失の規模（下げ幅）よりも大きい。スキルのあるアグレッシブな投資家は、強気相場で高いリターンを達成するが、弱気相場においてそのリターンに匹敵する規模の損失を出すことはない。スキルのあるディフェンシブな投資家は、弱気相場で比較的少ない損失を記録し、強気相場ではかなりのリターンをあげる。

投資の世界では、卓越したスキルを除くすべてのものが「諸刃の剣」であり、対称的な影響をもたらす。相場環境が良いときに逆境時の損失を超える規模のリターンを得るには、投資家個々のスキルに頼るほかない。これこそが、我々が追求する投資の非対称性だ。卓越したスキルは成功する投資に必要不可欠な条件なのである。

〜　〜　〜

オークツリーが理想とするパフォーマンスとはどのようなものか。以下にまとめよう。

相場が良い時期には平均的なパフォーマンスで十分である。上げ相場では誰もが利益をあげる。いまだかつて、良い時期に市場に勝つ必要性について、納得できるように説明してくれた者に出会ったためしはない。良い時期には並みのパフォーマンスで事足りるのだ。

しかし、市場に勝つことが必須の時期もある、と我々は考える。それは相場が悪い時期だ。我々の顧客は下げ相場のあおりをまともに受けることを望んではいないし、それは我々も同じである。

つまり我々の目標は、相場が良いときには市場と同等のパフォーマンスを、相場が悪いときには市場を上回るパフォーマンスをあげることだ。謙虚に聞こえるかもしれないが、実のところ、きわめて野心的な目標である。

上げ相場の時期に市場に後れをとらずについていくには、ベータの値が高く、市場との相関性がある ポートフォリオを組まなければならない。だが、上げ相場でベータと相関性の助けを得るということは、下げ相場に変わったときに打撃を受けることを意味するのではないか。

下げ相場で市場よりも小さい下げ幅を維持できるようにし、上げ相場で市場と同等のリターンをあげるには、アルファ、別の言葉で言うとスキルに頼るしかない。

ここに記したのは付加価値を生み出す投資の一例だ。数十年にわたって付加価値を生み出すことができるのだとすれば、それは投資スキルがあるからにほかならない。非対称性（投資スタイルに合った環境下でのパフォーマンスと相対比較して、下げ相場よりも上げ相場で、より良好なパフォーマンスをあげること）は、すべての投資家にとっての目標と言えるだろう。

20 すべての極意をまとめて実践する

投資、あるいは投資キャリアを成功に導くうえで、最良の土台となるのは本質的価値である。投資家は、買いを検討している資産にどれだけの本質的価値があるのか、しっかりと把握しなければならない。本質的価値はさまざまなもので構成されており、それを評価する方法も数多く存在する。ごく簡略化して言うと、本質的価値を構成するのは、帳簿上の現金、有形資産の価値、その企業あるいは資産の現金を生み出す能力、そしてこれらの要素が増大する余地である。

≈ ≈ ≈

すばらしい投資成績を達成するには、本質的価値を見極めるうえで卓越した洞察力を働かせる必要がある。つまり、ほかの投資家が気づいていないことを学び、違うところに目を向け、より高い分析力を発揮しなければならない。この三つすべてを行うことが理想である。

本質的価値に関する見解は、事実と分析をもとに築いた確固たる土台に根ざしたものでなければならず、ぶれてはならない。そのような見解があってはじめて、いつ売買すべきかという判断ができる。本質的価値に対する感覚を研ぎ澄ませた者だけが、誰もが上昇しつづけると考えている割高な資産から利益をあげるのに必要な規律や、危機時に価格が低下しつづけるなかで、資産を保有しつづけたり、ナンピン買いをしたりする胆力を身につけられる。もちろん、こうした努力によって利益をあげるためには、本質的価値を正しく推計しなければならない。

投資を成功させるうえで最終的なカギとなるのは、価格と本質的価値の関係だ。最も確実に利益をあげる方法は、本質的価値を下回る価格で買うことである。本質的価値を上回る価格で買うのは、ほとんど無意味な行為だ。

資産が本質的価値を下回る価格で売られるのはなぜか。その資産が市場で実際よりも過小評価されているからであり、そのようなときは絶好の買い場である。資産の質の高さには容易に気づくことができるが、割安であることを察知するには鋭い洞察力が必要とされる。このため、投資家はしばしば客観的に見た資産の質の高さを投資機会と勘違いする。すぐれた投資家は、優良な資産ではなく、お買い得品を見つけることが投資の目標である点を決して忘れない。

本質的価値を下回る価格で買うことは、収益性を高めるだけでなく、リスクを限定するうえでも重要だ。高成長が見込まれる企業の株にありたけの資金をつぎ込んだり、過熱した市場に参加したりすれば、リスクは限定できない。

価格と本質的価値の関係は心理的要因とテクニカル要因にも左右される。短期的には、これらの要因がファンダメンタルズより強い影響力を及ぼす場合もある。その影響による価格の急激な振れは、大きな利益、あるいは大きな過ちを生み出す機会をもたらす。過ちではなく利益を実現させるには、本質的価値の概念をしっかりと摑み、心理的要因とテクニカル要因に対処しなければならない。

景気サイクルと市場サイクルは上下動を繰り返す。どちらの方向に向かって進んでいようとも、多くの人々は永遠にその方向に進みつづけると思い込むようになる。こうした思い込みは市場に蔓延し、バリュエーションを行き過ぎた水準まで動かし、ほとんどの投資家にとって抗しがたいバブルやパニックを引き起こすため、大きなリスク要因となる。

投資家の心理も、楽観主義と悲観主義、軽信と懐疑主義、機会逸失の恐れと損失の恐れ、買い意欲と売りへの切迫感の間を、振り子のように決まったパターンで揺れ動く。振り子の振動は、高値で買い、安値で売るよう、群集を駆り立てる。つまり、群集の輪に加わることは悲惨な結果をもたらす方程式である。一方、極端な状況で逆張りをすれば、損失を避け、最終的に投資を成功させることも可能となる。

とりわけ、リスク回避志向（適度なリスク回避志向は合理的な市場に不可欠な要素である）は時として著しく弱まったり、過剰に強まったりする。この投資家心理の振れは、市場にバブルと暴落をもたらす非常に大きな要因となる。

心理的要因の影響力を決してあなどってはならない。強欲、恐怖、「不信の一時停止」、同調、嫉妬、うぬぼれ、降伏はすべて人間に生来、備わっているものであり、行動を強いる大きな圧力となる。極端な状況で群集がこれらを共有した場合は特にそうだ。こうした心理的要因は他の投資家にも影響を及ぼすのであり、思慮深い投資家もその影響力を感じとる。影響を受けずに済む、無関係でいられる、などと考えてはならない。そして、影響力を感じても屈服してはいけない。それよりも、そうした心理的要因がどのようなものなのかを認識し、立ち向かわなければならない。理性をもって感情に打ち勝つ必要があるのだ。

強気であれ、弱気であれ、市場のトレンドは行き過ぎる傾向がある。早い段階でそれに気づいたものは得をするが、最後の最後で輪に加わった者は痛い目を見る。私の一番お気に入りの投資格言「賢明な人が最初にやること、それは愚か者が最後にやることだ」は、このことを示している。極端な状態に抵抗する能力をもつ者はまれだが、成功を収めている投資家のほとんどは、この重要な資質を備えている。

≀　≀　≀

過熱した相場が下落に転じるタイミング、あるいは下げ相場が底に達し、反騰しはじめるタイミングを知ることは不可能だ。ただ、これから先、どこに向かっていくのかを知ることはできなくても、今どこにいるかならわかるはずだ。周りの投資家の行動から、いま現在、市場サイクルのどこに位置しているのかを推察することはできる。他の投資家が懸念知らずのときは慎重に振る舞い、他の投資家がパニックに陥ったときに積極果敢に行動すべきなのだ。

≀　≀　≀

とはいえ、逆張りもつねに利益をあげられるアプローチではない。絶好の買いどきや売りどきは、バリュエーションが極端な水準に達した場合に訪れるのであり、日常的にやってくるものではない。

何年かに一度、売買すれば済む投資家はほとんどおらず、それほど魅力的ではないタイミングで取引を行う必要もある。その場合、あまり勝ち目のない状況にあることを認識し、より慎重に振る舞わなければならない。

高い本質的価値、本質的価値との相対比較で見て低い価格、冷え込んだ市場心理という条件がそろっているときに買えば、最良の成果が得られる公算が大きい。ただし、価格下落が続き、反転のタイミングが予想より遅れる可能性もある。「割安」と「まもなく反騰する」を同義と考えるのはまちがっているのだ。ここで、私の二番目にお気に入りの投資格言「急ぎすぎは失敗も同然」の重要さがよくわかる。しかるべきタイミングが訪れるまで、時間がかかってもポジションを堅持する忍耐強さも必要なのだ。

投資家として成功するには、本質的価値を定量化し、それが正しく織り込まれるときを追求する能力を持つだけでなく、リスクというテーマについてはっきりとしたアプローチをとる必要がある。理論上、リスクはボラティリティと定義されているが、その枠組みにとらわれずに、最も重大なリスクは損失を出すリスクであることを理解しなければならない。また、リスクを増大させることは投資を確実に成功へと導く方程式ではなく、よりリスクの高い投資では、起こりうる結果の範囲が広がり、損失の確率も高まるということを心得ていなければならない。それぞれの投資に潜む損失の可能性を感じ取り、それに見合う以上のリターンが見込まれる場合のみ、そのリスクを進んでとる必要がある。

ほとんどの投資家は単純で、リターンの可能性ばかりに目を向けている。中には多少の洞察力を得て、リターンと同じぐらいリスクについて理解することが重要と気づく者もいる。だが、ポートフォリオ全体のリスクをコントロールするうえでカギとなる、リスクとリターンの相関性に着目するところまで感覚を研ぎ澄ませている投資家はまれだ。相関性の違いにより、リスクの絶対量が同じ資産どうしであっても、組み合わせ方によってポートフォリオのトータル・リスクの水準を大きく変えることは可能だ。ほとんどの投資家は、数多くの種類の資産を保有することがポートフォリオの分散化だと考えている。分散化が効果を発揮するのは、同じ環境下で生じたある事態に対して、違った反応を示す資産でポートフォリオが構成されている場合に限られるが、その点を理解している者はほとんどいない。

アグレッシブな投資は、そのスタイルにあった環境下で（特に相場が良い時期に）非常に高いパフォーマンスをあげられるが、ディフェンシブな投資ほど確実にリターンを生み出す公算は小さい。つまり、損失を出す確率が低く、損失額も小さくて済むことは、卓越した投資成績の一環と言える。「損失を回避することが自ずと全体の収益率を高める」というオークツリーのモットーは、過去何年にもわたって良い実績をもたらしている。それぞれ巨額の損失を出す公算が小さい資産からなる分散化ポートフォリオを構築することは、投資を成功させるための第一歩としてふさわしい。

リスク・コントロールはディフェンシブな投資の核である。ディフェンシブ投資家は、正しいことを行おうとするだけでなく、まちがったことを行わないという点を強く重視する。逆境で生き残る能力を確実に身につけることと、良い時期にリターンを最大化することは両立しないため、投資家はこの二つのバランスをどうとるか、決断しなければならない。ディフェンシブ投資家は前者に重きを置く道を選ぶ。

「誤りの許容範囲」はディフェンシブ投資に絶対不可欠な要素である。多くの投資は、未来が期待どおりの展開になれば成功するが、期待どおりにならなかった場合にも許容できる結果を出すためには、「誤りの許容範囲」が必要とされる。「誤りの許容範囲」は、身近にある有形で永続的な価値を持つ資産を重視する、価格が本質的価値を大幅に下回ったときのみ買う、レバレッジを使うのを避ける、分散投資する、といった方法で獲得できる。これらの要素に重点を置けば、相場が良い時期に得られるリターンは限定される可能性があるが、物事がうまくいかなかったときに、傷を負わずに乗り切れる確率を最大限に高めることができる。私が三番目に気に入っている投資格言は「身長一八〇センチの男でも、平均水深一五〇センチの川で、急流にもまれておぼれることがある」だ。「誤りの許容範囲」は投資家にスタミナをもたらし、ちょっとした窪みに足をとられるのを防ぐのである。

リスク・コントロールと「誤りの許容範囲」は、ポートフォリオ運用において、つねに心がけておくべきものだ。そして、これらが「隠れた資産」であることを心に留めておく必要がある。相場は良い時期のほうが長いが、「守り」の真価が明らかになるのは悪い時期（潮が引いたとき）だけである。したがって、相場が良い時期にディフェンシブ投資家は、（おそらく最大限ではなかっただろうが）自分のリターンがリスク予防措置を講じた結果、得られたものだと知ることで、満足しなければならない。たとえ、あとからそうした予防措置が不必要だったと判明した場合でもだ。

投資を成功させるために必要不可欠な条件の一つで、すぐれた投資家のほとんどが備えている心理的な資質がある。それは、マクロ情勢の先行きはわからないと認識することだ。経済、金利、市場全般で今後、起きるであろうことについて、コンセンサスよりも多くを知っている者は、もしいたとしても、ごくわずかだ。したがって投資家は、個別の業界や企業、証券などの「知りうること」について知識を深め、強みとするために時間を費やしたほうがよい。

経済や市場が将来、どの方向に動くか知っていると思い込んでいる（そして、その思い込みに従って行動する）投資家は、本当に知っている者よりもはるかに多い。これらの投資家は、将来に何が起きるのかわかっているという前提でアグレッシブな行動をとるが、期待どおりの結果が出ることはまれである。不正確な予測に固執し、それに基づいて投資をすれば、巨額の損失を出す可能性が生じる。

「世界は、習熟することや予測することが可能な、秩序だったプロセスの中で動いている」と思い込んでいる投資家はプロ、アマを問わず多い。これらの投資家は、物事につきまとうランダム性と、将来の成り行きに関する確率分布を無視している。このため、自分が予測するたった一つのシナリオに基づいて行動する道を選ぶ。それでうまくいくこともあるが（その投資家は称賛されるだろう）、長期的な成功をもたらすほどの一貫した成果はあげられない。注目すべきは、経済予測でも投資戦略でも、その時々でみごとに的中させる者が必ずいるが、同じ人物が二回ということはまれだ。最も成功している投資家とは、大半の場合に「だいたい当たっている」者であり、それが他の投資家よりもはるかにすぐれた点なのだ。

良い成果をあげるためのコツの一つは、景気の変動、企業の不振、相場の乱高下、他の投資家のだまされやすさなどによって頻繁に生じる落とし穴を避けることだ。絶対に確実な方法などないが、こうした潜在的な危険について意識しておくことが、落とし穴の犠牲にならないための努力の第一歩としてふさわしい。

下げ相場で損失の規模を抑えるディフェンシブな投資家も、上げ相場で巨額の利益をあげるアグレッシブな投資家も、それだけではスキルを有している証しにはならない。本当に付加価値を生み出す投資家かどうかを判断するには、その投資スタイルに合わない環境下でのパフォーマンスを見る必要がある。アグレッシブな投資家なら、相場が反落した場合に利益を失わずに済むか。ディフェンシブな投資家なら、上げ相場で大きなリターンを得ることができるか。こうした非対称性は、真のスキルの表れである。利益をあげた資産の数が、損失を出した資産の数を上回っているか。利益の規模は、損失の規模を超えているか。良い時期のリターンは、悪い時期の損失よりも大きいか。長期のパフォーマンスは、投資スタイルに沿った環境下での場合に比べて良いか。これらはすべて、すぐれた投資家の特徴である。こうした条件を満たさなければ、市場と同等のリターン（ベータは一）しかあげられないだろう。

〜　〜　〜

並外れた洞察力を持つ投資家だけが、つねに未来の出来事の確率を表す確率分布図を描け、左側のテールが示すリスクに見合うリターンが見込まれるタイミングを察知できる。この一文には、成功する投資の必要条件（潜在的な利益が見込まれる範囲と、好ましくない事態が生じるリスクを理解していることが前提となる）が凝縮されており、投資家が注目すべき要素がつまっている。これらの条件を追求することだ。そして、困難だがスリルに富み、思考力を大いに刺激される旅へと出るがよい。

訳者あとがき

本書は二〇一一年にアメリカで刊行された *The Most Important Thing: Uncommon Sense for the Thoughtful Investor*（Columbia University Press）の全訳である。本書はアメリカで発売されるや話題となり、ニューヨーク・タイムズ紙の月間ベストセラーにもランク入りした（二〇一一年六月、ハードカバー・ビジネス書部門）。

世界一の投資家として知られるウォーレン・バフェットも、「極めて稀に見る、実益のある本」と本書を大絶賛している。さらにバフェットは本書を大量購入し、バークシャー・ハザウェイの株主総会で配布したそうだ。

この反響の大きさは、「読者がこれまでに触れたためしのない投資に関するアイデアや思考方法を伝える」という本書執筆の狙いが成功した証しと言えるだろう。

著者ハワード・マークスは、世界最大級の投資運用会社オークツリー・キャピタル・マネジメントの共同創業者兼会長である。オークツリーの社名や著者の名前は、一般にはあまり知られていないかもしれない。だが、同社は「リーマン・ショックで最も稼いだ運用会社」として知られる「逆張りファンド」である。

運用資産残高は約八〇〇億ドル（約六・二兆円）にのぼり、高利回り債（ハイイールド債）と不良債権（ディストレスト・デット）への投資を得意とする運用会社としては世界最大級だ。

著者は、ペンシルベニア大学ウォートン・スクールを成績優等で卒業し、シカゴ大学経営大学院でMBAを取得後、金融の世界に入った。シティバンクの証券アナリストからキャリアをスタートさせ、シティグループ・インベストメント・マネジメントでバイス・プレジデント兼転換証券およびハイイールド証券担当シニア・ポートフォリオ・マネジャーを務めた後、TCWグループでディストレスト・デット、ハイイールド債、転換証券投資の責任者、国内債券部門の最高責任者を歴任した。

一九九五年にオークツリーを設立。「リスクコントロールの重要性、投資の一貫性と損失の回避、効率性の低い市場への特化、マクロ予測や相場予想に依存しないこと」を特徴とした投資戦略を貫き、「マーケット・リターン」以上の投資収益を上げつづけてきた。市場に勝ってこそ、「成功した投資」と言えるのだと著者は述べている。


彼のように大成功した投資家を前にして、誰もが聞きたくなるのが次の質問だろう。「成功のカギは何でしょうか？」

それに対して著者は単純明快で、しかし、とても難しいことを口にする。「四〇年以上かけて磨きあげてきた実効性ある投資哲学だ」と。そして、「完全にできあがった投資哲学を携えて、投資キャリアの入り口に立つ者などいない」と言う。だから、投資哲学を身につけるために、「周りをよく見渡しながら生きていく」ことが必要だと説く。さらに「望んでいたものが手に入らなかったとき」にこそ「経験」が得られるのだと意識し、経験と教訓をマーケットが厳しい時期に吸収することが肝要だと述べている。

だから、本書は「投資のマニュアル本」ではありえないし、「投資を確実に成功に導くレシピ」も載っていない。本書を読めば、いかに投資が複雑で、普遍の法則やアルゴリズムが作成不可能で、有効な投資アプローチが確立できないかがわかるだろう。

激変する投資環境の中でも勝ちつづけてきた著者が信奉し、これからも堅持しつづけるであろう「投資哲学」を、本書では二〇章に分けて詳述している。これは「ざっくり読んで、テクニックを身につける」というタイプの本ではない。「じっくりと熟読して、思考方法を自分のものにする」タイプの本である。ぜひ、腰を落ち着けて読んでほしい。そうすれば、なかなか賛辞を贈らないバフェットが、本書を大絶賛した意味も見えてくると思う。

末筆ながら、本書の翻訳にあたって多大なるご支援をいただいたオークツリーの東京、香港の両オフィスのみなさまと、このような良書を訳す機会を与えてくださった日本経済新聞出版社第一編集部の金東洋氏に深く感謝したい。

二〇一二年九月

訳者

著訳者紹介

ハワード・マークス（Howard Marks）

オークツリー・キャピタル・マネジメント会長兼共同創業者。ロサンゼルスを拠点とするオークツリー・キャピタル・マネジメントは運用資産800億ドル以上を誇る投資会社で、ハイイールド債投資や不良債権への投資を得意とする。ペンシルベニア大学ウォートン・スクールにて金融を学び、シカゴ大学経営大学院にてＭＢＡを取得。

貫井佳子（ぬきい・よしこ）

翻訳家。青山学院大学国際政治経済学部卒業。証券系シンクタンク、外資系証券会社に勤務後、2002年よりフリーランスで翻訳業に従事。日本証券アナリスト協会検定会員。訳書にハワード・マークス『市場サイクルを極める』、ローレンス・フリードマン『戦略の世界史（上・下）』などがある。

投資で一番大切な20の教え
――賢い投資家になるための隠れた常識――

2012年10月22日　1版1刷
2025年2月4日　33刷

著　者　ハワード・マークス
訳　者　貫　井　佳　子
発行者　中　川　ヒ　ロ　ミ

発　行　株式会社日経BP
日本経済新聞出版
発　売　株式会社日経BPマーケティング
〒105-8308　東京都港区虎ノ門4-3-12

印刷・製本／中央精版印刷
ISBN978-4-532-35539-5

マクロ情勢の予測はするな
サイクルに耳を傾けよ

市場サイクルを極める

勝率を高める王道の投資哲学

ハワード・マークス　貫井佳子［訳］

バフェット、マンガー、ダリオ、ガーリー、
ガンドラック、アイカーンら、
世界的著名投資家が推薦！

投資において、たった一つの最も重要なことなど存在しない。だが、最重要項目にまちがいなく一番近い要素は、市場サイクルを理解することだ。投資家はサイクルを認識し、評価し、どうすべきかをそこから読み取り、それが示すとおりに動く術を身につけなければならない。サイクルに耳を傾ける投資家は、サイクルが引き起こす大混乱を理解し、それに乗じて著しいアウトパフォーマンスを得られるだろう。オークツリー・キャピタル・マネジメント共同会長兼共同創業者が、勝率を高める王道の投資哲学を説く。

定価（本体2200円＋税）　日本経済新聞出版
四六判・上製／428頁／ISBN 978-4-532-35799-3